Charles F Spring

Katechetische Unterweisung zur Seligkeit über den Lutherischen

Katechismus

Charles F Spring

Katechetische Unterweisung zur Seligkeit über den Lutherischen Katechismus

ISBN/EAN: 9783743327375

Hergestellt in Europa, USA, Kanada, Australien, Japan

Cover: Foto ©Lupo / pixelio.de

Manufactured and distributed by brebook publishing software
(www.brebook.com)

Charles F Spring

Katechetische Unterweisung zur Seligkeit über den Lutherischen Katechismus

Katechetische

Unterweisung zur Seligkeit

über den

Lutherischen Katechismus.

Enthaltend:

I. Sprüche nach dem Alphabet.
II. Sprüche zum Katechismus.
III. Der kleine Katechismus Luthers.
IV. Kurze und leichtfaßliche Erklärung desselben.
V. Das Württembergische „Confirmationsbüchlein."
VI. Gebete für die Schuljugend.
VII. Anhang verschiedenen Inhalts.

Für Familie und Schule gestellet,
und
der gesammten lutherischen Kirche als Jubiläumsgabe gewidmet,
von
Ch. F. Spring,
luth. Pastor.

Berlin, Ontario:
W. H. BECKER & CO.; PUBLISHERS.

1891.

Vorrede.

Welchem treuen Lutheraner sollte das Herz nicht bluten, wenn er sehen muß, wie in dieser letzten Zeit die Kirche des Herrn durch alte und täglich neu entstehende Irrlehren gelästert und geschändet und das arme Volk so sehr in die Irre geführt wird, daß, wo es möglich wäre, auch die Auserwählten verführt würden? Mit einer Posaunenstimme möchten wir daher in die Welt hinausrufen: „Brüder! Es thut Noth, in dieser bösen, betrübten Zeit, zu halten, was wir haben, und des Wortes Petri eingedenk zu sein: „Seid aber allezeit bereit zur Verantwortung Jedermann, der Grund fordert der Hoffnung, die in euch ist.“ — Damit wir und unsere Kinder in der einmal erkannten Wahrheit immer fester werden können, so bedarf es besonders solcher Bücher zum Unterricht unserer Jugend, welche in einfachem, kindlichem Styl geschrieben sind, so daß, wo es an Lehrern und Predigern mangelt, die Aeltern selbst im Stande sind, vermöge eines verständlichen Leitfadens die Lehrer ihrer Kinder zu werden. Ein solches Buch in dem vorliegenden Werke der Lutherischen Kirche zu widmen, war bei Zusammenstellung desselben unsere redliche Absicht. Je mehr wir durch den zu ertheilenden Religionsunterricht uns in den kleinen Catechismus selbst hinein lernen (um diesen Ausdruck zu gebrauchen), desto mehr sehen wir ein, welch' einen herrlichen, köstlichen Schatz die Lutherische Kirche an Luthers Catechismus hat; je länger wir aber unter der Jugend in Schule und Kirche wirken, je mehr überzeugen wir uns auch von der Thatsache, daß man mit Kindern in Glaubenssachen nicht kindlich genug reden kann, und daß, **leider!** mehrere

iii

sonst sehr gute Catechismuserklärungen viel zu hoch gehalten und für unsere Kinder viel zu unverständlich sind.
Zudem wird besonders in Amerika bei Lehrbüchern für
Schule und Kirche zu sehr gegen die erste Regel der Päda-
gogik und Methodik gesündigt, welche lautet: „Vom Leich-
ten zum Schweren." Diesen Fehler schon längst einsehend,
ließen wir daher unser Lehrbuch nicht mit dem Catechismus,
sondern mit Bibelsprüchlein, nach dem Alphabet geordnet,
für die jüngsten Klassen der Schüler, beginnen.

Wir sind überhaupt entschieden mit den trefflichen Pädagogen Völter und Palmer für ein eigenes Spruchbuch, in
welchem die Sprüche zusammengestellt, und nicht in den
Text des Catechismus hinein gestreut sind. Hiezu berech-
tigt uns die Erfahrung, daß die Kinder sowohl leichter, als
auch gründlicher Bibelsprüche und Catechismus lernen,
wenn sie beide besonders und nicht in einander gemengt zu
lernen haben. Deßhalb ließen wir nach den Alphabetsprüchen sogleich die Sprüche zum Catechismus folgen.
Wir lassen also zuerst die Bibelsprüche gründlich lernen, ehe
wir zum Schwereren, dem Catechismus, übergehen. Bei
diesem Verfahren können uns die Eltern schon in dem zar-
testen Alter ihrer Kleinen behülflich sein, wenn sie die Alphabetsprüche denselben so bald als möglich einprägen.
Mancher mag uns entgegen halten: „Die Kinder bekommen aber ein besseres Verständniß des Catechismus, wenn
sie die Bibelsprüche an den betreffenden Stellen des
Catechismus vor Augen haben." Wir antworten hierauf:
„Sie haben sie wohl vor Augen, aber nicht so fest im Gedächtniß und im Herzen, als man in der Regel meint."
Wir mußten in unserer Jugend das sogenannte Allewelts-
spruchbuch, (vom Volk so genannt, weil der erste Spruch
mit: „Alle Welt fürchte den Herrn" anfing), auswendig

lernen, und die Sprüche sind uns (da sie nach dem Alphabet und nach sechs „Ordnungen" zusammengestellt waren), noch alle im Gedächtniß, was wohl schwerlich der Fall sein dürfte, wenn die Sprüche in den Text des Catechismus hinein gestreut gewesen wären. Wir sind fest überzeugt davon, daß unsere Kinder die Catechismuswahrheiten leichter auffassen, wenn sie die Bibelsprüche von Jugend auf gelernt haben und sie somit im Gedächtniß und Herzen mit in den Confirmanden-Unterricht bringen, als wenn sie dieselben da erst lernen sollen. Wer aber die Alphabetsprüche für eine Spielerei zu halten geneigt wäre, dem möchten wir hiermit von dem gelehrten Dr. Palmer in Tübingen sagen lassen, was er davon hält.

Er sagt in seiner „christlichen Catechetik" S. 242 bis 246 unter Anderem Folgendes: „Mit Einem Wort: Es ist durchaus nöthig, daß der Schule ein Spruchbuch gegeben wird. Neuerdings ist ein biblisches Spruchbuch herausgegeben worden. Es beginnt mit Alphabetsprüchen, jeder Buchstabe mit vier Sprüchen besetzt. Das hat dieselbe hochweise Verständigkeit für Kinderei erklärt, die auch in Liedern, wie: „Befiehl du deine Wege!" und „Meinen Jesum laß ich nicht!" den schönen Zusammenhang der ersten Worte durch alle Verse hindurch mit roher Hand zerstört hat. Als ob es das Volk nicht von jeher geliebt hätte, sich in dieser Form, als geordnetes A B C, die Sprüche der Weisheit darreichen zu lassen! Als ob nicht der 119. Psalm im hebräischen Original das leibhaftige Urbild von Alphabetsprüchen wäre!"

Ob man die unter II. aufgeführten Sprüche vor, mit oder nach dem Catechismus auswendig lernen lasse, bleibt der Ansicht jedes Einzelnen überlassen, und wir wollen unsere Methode, nach welcher wir zuerst die Sprüche lernen

1*

laffen, Niemanden aufdringen. Wir haben uns noch nie als Kritikaster gebrauchen laffen, daß wir die Methode und Ansicht Anderer öffentlich verdammt hätten, weil sie anderer Meinung sind, als wir. Da bereits schon verschiedene Lehrbücher vorhanden sind, von denen das Eine diefer, das Andere einer andern Ansicht Rechnung trägt, so ist ja Allen geholfen; wenn nur der Zweck erreicht wird. Es sei nur noch die Bemerkung erlaubt, daß wir die Zahl der Sprüche nicht zu weit ausdehnen wollten, weil weniger und gut beffer ist, als viel und oberflächlich gelernt. — Man halte streng auf öftere Wiederholung der memorirten Sprüche, weil „Wiederholung die Mutter alles Lernens ist."

Da Manche es gar nicht leiden wollen, wenn man von sechs Hauptstücken des Catechismus spricht, so blieben wir in dem unter No. III. aufgeführten Catechismus bei der Zahl 5, obwohl es uns lieb wäre, wenn einstimmig die Zahl 6 angenommen würde, wie es auch bei dem trefflichen Brentz'schen Catechismus der Fall ist. Lehreinheit auch in solchen Mitteldingen ist eine schöne Sache.

Die Catechismus=Erklärung unter No. IV. ist größtentheils den trefflichsten Schriften der Art entnommen, als: Der Württembergischen „katechiftischen Unterweisung" (gewöhnlich Kinderlehre genannt), Löhe's und Conrad Dietrich's herrlicher Catechismus=Erklärung und Andern. Viele Fragen und Antworten aber, welche den Kindern zu lang und unverständlich waren, sind verständlicher und in kürzeren Sätzen wieder gegeben, ohne den Inhalt zu verändern. Viele Fragen und Antworten sind auch von uns selbst gestellt; nicht weil wir es beffer machen wollten, als genannte Bücher, sondern weil wir in denselben auf die vielen irrigen Lehren (in diesem Lande besonders) aufmerksam machen wollten und mußten.

Daher darf sich Niemand wundern, daß wir z. B. für die Rechtmäßigkeit und Nothwendigkeit der Kindertaufe zehn Gründe aufführten. Der Lehrer lasse in seinen Catechisationen die angezeigten Bibelstellen nachschlagen, was die Kinder zugleich gewandt macht im schnellen Auffinden der biblischen Bücher. Sind die bei dem Text angezeigten Bibelstellen aber solche, welche die Kinder im Spruchbuch auswendig gelernt haben, so frage er etwa: „Welche Sprüche könnt ihr zum Beweis dieser Wahrheit angeben?" Oder: „Saget den Spruch her, den ihr zum Beweis dieser Wahrheit gelernt habt!" Oder: „Mit welchem Bibelspruch, den ihr gelernt habt, beweiset ihr das?" u. s. w. — Sind die Kinder nicht im Stande, solche einschlagende Bibelstellen anzuführen, so lasse der Catechet einfach vorne im Spruchbuch nachschlagen. Nicht alle, aber sehr viele bei den Antworten stehenden hinweisenden Bibelstellen finden sich im Spruchbuch. Möge doch die schöne und nothwendige Sitte, am Sonntag Nachmittag oder am Vormittag eines Werktages mit den Kindern bei versammelter Gemeinde „Kinderlehre" zu halten, immer mehr auch in diesem neuen Welttheil eingeführt werden! Hiezu ist vorliegende Schrift gewiß ein passendes, weil für Kinder verständlich geschriebenes Lehrbuch. Mögen auch besonders jene zerstreut wohnenden Glaubensbrüder, die in Ermangelung eigener Prediger den falschen Propheten besonders ausgesetzt sind, dieses Buch recht fleißig benützen zu ihrer und ihrer Kinder Befestigung in unserem allerheiligsten Glauben! —

Bei Ausarbeitung der Catechismus-Erklärung war es uns nicht darum zu thun, ein gelehrtes, besonders für Lehrer und Prediger brauchbares Werk zu liefern, sondern ein populäres Büchlein den Eltern und Kindern in die Hände zu geben, daß sie dadurch möchten in Stand gesetzt werden, die Wahrheit vom Irrthum zu unterscheiden und sich recht gründen zu lassen in dem Glauben ihrer Väter. Daß aber auch Lehrer und Prediger noch Manches aus dem Büchlein lernen werden, glauben wir zuversichtlich, und hoffen, dieselben werden das Lehrbuch bei ihren Catechisationen und im Confirmanden-Unterricht fleißig und segensreich benützen. Natürlich wird dem Einen dieses, dem Andern jenes als mangelhaft erscheinen; der Eine wird oftmals ein „Zuviel," der Andere wieder ein „Zuwenig" bei dem einen oder andern Gegenstand erblicken; allein wer die Schwierigkeit einer derartigen Arbeit, sowie das Sprichwort bedenkt: „Tadeln ist gut, aber Bessermachen?" der wird uns bei Beurtheilung der Catechismus-Erklärung Gerechtigkeit und Billigkeit widerfahren lassen. Wir erklären hiemit: „Bessere Erklärungen darf es ja wohl geben, nur keine schlechteren." —

Das Württembergische „Confirmationsbüchlein" ist ein Lieblingsbüchlein unserer Landsleute. Wir haben das herrliche Bekenntniß selbst auch bei unserer Confirmation abgelegt, und heute noch wird es uns oft zum Segen und zur Erquickung. Tausendfach ist der Segen, den es schon gestiftet hat. Gleich bei der ersten Frage und Antwort wird der Mensch von der Erde zum Himmel gewiesen. Und wie unvergleichlich schön ist die Antwort auf die letzte Frage: „Weil meine Sünden dem Herrn Jesu die größten Schmerzen, ja den bittern Tod verursachet, so soll ich an der Sünde keine Lust haben" u. s. w. — Der große Pädagog Palmer nennt dieses Büchlein „einen herrlichen Schatz der evangelischen Landeskirche Württembergs." Auch in Amerika hat das Büchlein eine weite Verbreitung gefunden. An seinem großen Werth ist daher keinen Augenblick zu zweifeln. Da aber hier zu Lande der Brenz'sche Catechismus selbst nicht von allen Württembergern benützt wird, sondern der Luthe-

rische überall immer mehr Eingang findet; du ferner einige
Fragen und Antworten öfters mißverstanden wurden, weil
auf die gleichlautenden Fragen das „Confirmationsbüchlein"
nicht auch die mit dem Luth. Catechismus gleichlautende
Antworten gibt, wodurch die Kinder im Lernen confus ge-
macht wurden, — so haben wir uns die Freiheit genommen,
die betreffenden Antworten mit Luthers Worten zu geben.
Eine solche Aenderung ist für Amerika (wo, wie gesagt,
Luthers Catechismus allgemein eingeführt ist), gewiß eine
erlaubte Handlungsweise, da das Büchlein dadurch in for-
meller und materieller Hinsicht gewiß Etwas gewonnen hat.
Nun heißt z. B. Taufe und Abendmahl nicht mehr ein
„Wortzeichen." Kurz, diejenigen Kinder, welche Luthers
Catechismus auswendig lernten, können nun auch besagtes
Glaubensbekenntniß oder Confirmationsbüchlein viel leichter
lernen; dabei werden sie auch fester und sicherer in der Lehre,
weil beide Büchlein jetzt „einerlei Rede führen."

Was die unter No. VI. gegebenen „Gebete für Schul-
kinder" betrifft, so ist es gewiß nothwendig, daß unsere
Jugend an guten Mustergebeten das Beten lerne; denn die
heilige Kunst des Betens lernt man nur durch's Beten.
Und was ist eine Schule, in welcher nicht gebetet wird?
Der Lehrer lasse die Kinder diese Gebete abwechslungsweise
laut, schön und deutlich vortragen, und zwar, wo es angeht,
auswendig beten. — Das betreffende Kind wisse es schon
den Tag zuvor, daß es morgen beten dürfe, nicht müsse. —

Die unter No. VII. aufgeführten Bücher heiliger Schrift
und der Apocryphen sind deßhalb in einem Reim angegeben,
weil derselbe, wenn die Kinder ihn auswendig lernen, ihnen
das Nachschlagen der biblischen Bücher sehr erleichtert, wie
wir aus eigener Erfahrung wissen, und gewiß auch die
Glieder der privilegirten Bibelanstalt zu Stuttgart wußten,

welche den Reim ihrer Bibel als Anhang einverleibt haben. Die „hochweise Verständigkeit" mag dies auch wieder Kinderei nennen; die „einfältigen Pädagogen" sind mit uns einverstanden, wenn wir sagen, daß der Reim ein höchst praktischer ist.

So sind denn hier mehrere Schulbüchlein in ein einziges zusammengefaßt, was dasselbe freilich theurer, aber auch desto werthvoller macht, und doch nicht so hoch kommt, als wenn man jedes einzeln kaufen müßte. Mögen es viele Tausende benützen als einen „Wegweiser zur Seligkeit," und dann der Unterweisung auch kindlich und gläubig folgen!—

Neu-Dundee, im Februar 1868.

Ch. F. Sp.

Sprüche nach dem Alphabet.

A

1. Alles, was Odem hat, lobe den Herrn, Hallelujah! Psalm 150, 6.

2. Alles, was Gott thut, das ist recht; treu ist Gott, und kein Böses an Ihm, gerecht und fromm ist Er. 5. Mose 32, 4.

3. Alles, was ihr wollet, das euch die Leute thun sollen, das thut ihr ihnen; das ist das Gesetz und die Propheten. Matth. 7, 12.

4. Also hat Gott die Welt geliebet, daß Er Seinen eingebornen Sohn gab, auf daß Alle, die an Ihn glauben, nicht verloren werden, sondern das ewige Leben haben. Joh. 3, 16.

B

5. Bleibe fromm und halte dich recht; denn solchen wird es zuletzt wohl gehen. Ps. 37, 37.

6. Besser ist ein Gericht Kraut mit Liebe; denn ein gemästeter Ochs mit Haß. Sp. Sal. 15, 17.

7. Befiehl dem Herrn deine Wege, und hoffe auf ihn, Er wird's wohl machen. Ps. 37, 5.

8. Behüte deine Zunge vor Bösem, und deine Lippen, daß sie nicht falsch reden. Laß vom Bösen und thue Gutes; suche Frieden und jage ihm nach. Ps. 34, 14. 15.

C

9. Christus ist um unserer Sünde willen dahin gegeben, und um unserer Gerechtigkeit willen auferwecket. Röm. 4, 25.

10. Christum lieb haben, ist viel besser, denn alles Wissen. Ephes. 3, 19.

11. Christus ist des Gesetzes Ende, wer an den glaubet, der ist gerecht. Röm. 10, 4.

12. Christus ist darum für Alle gestorben, auf daß die, so da leben, hinfort nicht ihnen selbst leben, sondern dem, der für sie gestorben und auferstanden ist. 2. Korinth. 5, 15.

D

13. Das ist je gewißlich wahr, und ein theuer werthes Wort, daß Christus Jesus gekommen ist in die Welt, die Sünder selig zu machen. 1. Tim. 1, 15.

14. Das ist ein köstlich Ding, dem Herrn danken, und lobsingen deinem Namen, du Höchster, des Morgens deine Gnade und des Nachts deine Wahrheit verkündigen. Ps. 92, 2. 3.

15. Das ist die Liebe zu Gott, daß wir Seine Gebote halten, und Seine Gebote sind nicht schwer. 1. Joh. 5, 3.

16. Danket dem Herrn; denn Er ist freundlich, und Seine Güte währet ewiglich. Ps. 106, 1.

E

17. Es kommt Alles von Gott, Glück und Unglück, Leben und Tod, Armuth und Reichthum. Sir. 11, 14.

18. Ehre Vater und Mutter mit der That, mit Worten und Geduld, auf daß ihr Segen über dich komme. Sir. 3, 9. 10.

19. Ein weiser Sohn ist seines Vaters Freude; aber ein thörichter Sohn ist seiner Mutter Grämen. Spr. Sal. 10, 1.

20. Es ist dir gesagt, Mensch! was gut ist, und was der Herr von dir fordert; nämlich Gottes Wort halten, Liebe üben und demüthig sein vor deinem Gott. Mich. 6, 8.

F

21. Fahre nicht bald heraus, zu zanken; denn was willst du hernach machen, wenn du deinen Nächsten geschändet hast? Spr. Sal. 25, 8.

22. Frühe säe deinen Samen, und laß deine Hand des Abends nicht ab; denn du weißest nicht, ob dies oder das gerathen würde, und ob Beides geriethe, so wäre es desto besser. Pred. 11, 6.

23. Folge nicht bösen Leuten, und wünsche nicht, bei ihnen zu sein; denn ihr Herz trachtet nach Schaden, und ihre Lippen rathen zum Unglück. Spr. Sal. 24, 1. 2.

24. Freuet euch mit den Fröhlichen, und weinet mit den Weinenden. Röm. 12, 15.

G

25. Gib mir, mein Sohn, dein Herz, und laß deinen Augen meine Wege wohlgefallen. Spr. Sal. 23, 26.

26. Gott donnert mit Seinem Donner gräulich, und thut große Dinge, und wird doch nicht erkannt. Hiob 37, 5.

27. Gott wohnet in einem Lichte, da kein Mensch zukommen kann, welchen kein Mensch gesehen hat, noch sehen kann. 1. Tim. 6, 16.

28. Gehorchet euren Lehrern, und folget ihnen. Hebr. 13, 17.

2

H

29. Herr, was ist der Mensch, daß du sein gedenkest, und des Menschen Kind, daß du dich seiner annimmst? Pſ. 8, 5.

30. Herr, wohin sollen wir gehen? Du haſt Worte des ewigen Lebens, und wir haben geglaubet und erkannt, daß du biſt Chriſtus, der Sohn des lebendigen Gottes. Joh. 6, 68. 69.

31. Herr, ich rufe zu dir; eile zu mir; vernimm meine Stimme, wenn ich dich anrufe. Pſ. 141, 1.

32. Herr, Gott! Du biſt unſere Zuflucht für und für. Ehe denn die Berge worden, und die Erde und die Welt geſchaffen worden, biſt du, Gott, von Ewigkeit zu Ewigkeit. Pſ. 90, 2.

J

33. Ich will dich erhöhen, mein Gott, du König! und deinen Namen loben immer und ewiglich. Ich will dich täglich loben, und deinen Namen rühmen immer und ewiglich. Pſ. 145, 1. 2.

34. Ich hoffe aber darauf, daß du ſo gnädig biſt; mein Herz freuet ſich, daß du ſo gerne hilfeſt. Ich will dem Herrn ſingen, daß er ſo wohl an mir thut. Pſ. 13, 6.

35. Ich will den Herrn loben allezeit; ſein Lob ſoll immerdar in meinem Munde ſein.

36. Ich bin die Auferſtehung und das Leben. Wer an mich glaubet, der wird leben, ob er gleich ſtürbe, und wer da lebet, und glaubet an mich, der wird nimmermehr ſterben. Glaubeſt du das? Ev. Joh. 11, 25. 26.

J

37. Jeruſalem, Jeruſalem, die du tödteſt die Propheten, und ſteinigeſt, die zu dir geſandt ſind! Wie oft habe ich deine Kinder versammeln wollen, wie eine Henne versammelt ihre Küchlein unter ihre Flügel; und ihr habt nicht gewollt. Matth. 23, 37.

38. Jesus sprach: „Lasset die Kindlein zu mir kommen, und wehret ihnen nicht; denn solcher ist das Reich Gottes. Wahrlich ich sage euch: Wer das Reich Gottes nicht empfähet als ein Kindlein, der wird nicht hinein kommen. Marci 10, 14. 15.

39. Jesus Christus gestern und heute, und derselbe auch in Ewigkeit. Hebr. 13, 8.

40. Jedermann sei unterthan der Obrigkeit, die Gewalt über ihn hat. Denn es ist keine Obrigkeit, ohne von Gott; wo aber Obrigkeit ist, die ist von Gott verordnet. Röm. 13, 1. 2.

K

41. Kommet her, Kinder, höret mir zu; ich will euch die Furcht des Herrn lehren. Ps. 34, 12.

42. Kann doch ein Bruder Niemand erlösen, noch Gott Jemand versöhnen; denn es kostet zu viel, ihre Seelen zu erlösen, daß ers muß lassen anstehen ewiglich. Ps. 49, 8.

43. Kommt, laßt uns anbeten und knieen und niederfallen vor dem Herrn, der uns gemacht hat. Denn Er ist unser Gott, und wir das Volk seiner Waide, und Schaafe seiner Hand. Ps. 95, 6. 7.

44. Kann auch ein Weib ihres Kindleins vergessen, daß sie sich nicht erbarme über den Sohn ihres Leibes? Und ob sie desselbigen vergäße, so will ich doch dein nicht vergessen. Siehe, in die Hände habe ich dich gezeichnet. Jes. 49, 15. 16.

L

45. Läßige Hand macht arm; aber der Fleißigen Hand machet reich. Spr. Sal. 10, 4.

46. Lasset uns nicht lieben mit Worten, noch mit der Zunge, sondern mit der That und mit der Wahrheit. Joh. 3, 18.

47. Leget die Lügen ab, und redet die Wahrheit, ein Jeglicher mit seinem Nächsten, sintemal wir unter einander Glieder sind. Ephes. 4, 25.

48. Lasset uns aber rechtschaffen sein in der Liebe, und wachsen in allen Stücken an den, der das Haupt ist, Christus. Ephes. 4, 15.

M

49. Meine Schaafe hören meine Stimme, und ich kenne sie, und sie folgen mir, und ich gebe ihnen das ewige Leben; und sie werden nimmermehr umkommen, und Niemand wird sie mir aus meiner Hand reißen. Joh. 10, 27. 28.

50. Mein Kind, wenn dich die bösen Buben locken, so folge ihnen nicht. Spr. Sal. 1, 10.

51. Mancher ist arm bei großem Gut, und Mancher ist reich bei seiner Armuth. Spr. Sal. 13, 7.

52. Mir hast du Arbeit gemacht mit deinen Sünden, und hast mir Mühe gemacht mit deinen Missethaten. Ich, ich tilge deine Uebertretung um meinetwillen, und gedenke deiner Sünden nicht. Jes. 43, 24. 25.

N

53. Nicht uns, Herr, nicht uns, sondern deinem Namen gib Ehre um deine Gnade und Wahrheit. Ps. 115, 1.

54. Nehmet auf euch mein Joch und lernet von mir, denn ich bin sanftmüthig und von Herzen demüthig, so werdet ihr Ruhe finden für eure Seelen. Denn mein Joch ist sanft und meine Last ist leicht. Matth. 11, 29. 30.

55. Nicht, daß ich's schon ergriffen hätte, oder schon vollkommen sei; ich jage ihm aber nach, ob ich's auch ergreifen möchte, nachdem ich von Christo Jesu ergriffen bin. Phil. 3, 12.

56. Nach dir, Herr, verlanget mich. Mein Gott, ich hoffe auf dich. Laß mich nicht zu Schanden werden, daß sich meine Feinde nicht freuen über mich; denn keiner wird zu Schanden, der dein harret; aber zu Schanden müssen sie werden, die losen Verächter. Ps. 25, 1. 2. 3.

O

57. O, daß ich könnte ein Schloß an meinen Mund legen, und ein fest Siegel auf mein Maul drücken, daß ich dadurch nicht zu Fall käme, und meine Zunge mich nicht verderbete. Sir. 22, 33.

58. O, wie ist die Barmherzigkeit des Herrn so groß, und läßt sich gnädig finden denen, so sich zu ihm bekehren! Sir. 17, 28.

59. Opfere Gott Dank, und bezahle dem Höchsten deine Gelübde. Rufe mich an in der Noth, so will ich dich erretten, und du sollst mich preisen. Ps. 50, 14. 15.

60. Ohne mich, spricht Christus, könnet ihr Nichts thun. Wer nicht in mir bleibet, der wird weggeworfen, wie eine Rebe, und verdorret, und man sammelt sie, und wirft sie in's Feuer, und muß brennen. Joh. 15, 5. 6.

P

61. Pochet nicht so hoch auf eure Gewalt; redet nicht halsstarrig, es habe keine Noth, weder von Aufgang, noch

2*

von Niedergang, noch von dem Gebirge in der Wüste; denn Gott ist Richter, der diesen niedriget, und jenen erhöhet. Pf. 75, 6. 7. 8.

62. Prediget von den Gerechten, daß sie es gut haben; denn sie werden die Frucht ihrer Werke essen; wehe aber den Gottlosen; denn sie sind boshaftig, und es wird ihnen vergolten, wie sie es verdienen. Jes. 3, 10. 11.

63. Prüfet Alles, und das Gute behaltet; meidet allen bösen Schein. 1 Thess. 5, 21. 22.

64. Preis und Ehre und unvergängliches Wesen denen, die mit Geduld in guten Werken trachten nach dem ewigen Leben. Römer 2, 7.

R

65. Recht muß doch Recht bleiben, und dem werden alle frommen Herzen zufallen. Pf. 94, 15.

66. Reiniget die Hände, ihr Sünder, und machet eure Herzen keusch, ihr Wankelmüthigen. Jak. 4, 8.

67. Ruthe und Strafe gibt Weisheit; aber ein Knabe, sich selbst gelassen, schändet seine Mutter. Spr. Sal. 29, 15.

68. Rühme dich nicht des morgenden Tages; denn du weißest nicht, was sich heute begeben mag. Laß dich einen Andern loben, und nicht deinen Mund; einen Fremden, und nicht deine eigenen Lippen. Spr. Sal. 27, 1. 2.

S

69. So lang die Erde stehet, soll nicht aufhören Samen und Ernte, Frost und Hitze, Sommer und Winter, Tag und Nacht. 1 Mos. 8, 22.

70. Siehe, wie fein und lieblich ist es, daß Brüder einträchtig bei einander wohnen, daselbst verheißet der Herr Segen und Leben immer und ewiglich. Pf. 133, 1 und 3.

71. Siehe, des Herrn Auge siehet auf die, so ihn fürch- ten, die auf seine Güte hoffen, daß er ihre Seele errette vom Tode, und ernähre sie in der Theurung. Pf. 33, 18. 19.

72. So wir sagen, wir haben keine Sünde, so verführen wir uns selbst, und die Wahrheit ist nicht in uns. So wir aber unsere Sünde bekennen, so ist er treu und gerecht, daß er uns die Sünde vergibt, und reiniget uns von aller Un- tugend. 1 Joh. 1, 8. 9.

T

73. Thue nichts Böses, so widerfähret dir nichts Böses; halte dich vom Unrecht, so trifft dich nicht Unglück; säe nicht auf den Acker der Ungerechtigkeit, so wirst du sie nicht ernten siebenfältig. Sir. 7, 1. 2. 3.

74. Thorheit steckt dem Knaben im Herzen; aber die Ruthe der Zucht wird sie ferne von ihm treiben. Spr. Sal. 22, 15.

75. Trachtet am ersten nach dem Reich Gottes und nach seiner Gerechtigkeit, so wird euch solches Alles zufallen. Matth. 6, 33.

76. Tretet auf die Wege und schauet, und fraget nach den vorigen Wegen, welches der gute Weg sei, und wandelt darinnen, so werdet ihr Ruhe finden für eure Seele. Jer. 6, 16.

U

77. Unser keiner lebt ihm selber, und keiner stirbt ihm selber. Leben wir, so leben wir dem Herrn; sterben wir, so sterben wir dem Herrn; darum wir leben oder sterben, so sind wir des Herrn. Röm. 14, 7. 8.

78. Unglück verfolgt die Sünder; aber dem Gerechten wird Gutes vergolten; der Gute wird erben auf Kindes-

kind; aber des Sünders Gut wird dem Gerechten vorge-
spart. Spr. Sal. 13, 21. 22.

79. Unsere Trübsal, die zeitlich und leicht ist, schaffet
eine ewige, und über alle Maaßen wichtige Herrlichkeit,
uns, die wir nicht sehen auf das Sichtbare, sondern auf das
Unsichtbare; denn was sichtbar ist, das ist zeitlich, was aber
unsichtbar ist, das ist ewig. 2. Kor. 4, 17. 18.

80. Uebe dich selbst, aber an der Gottseligkeit; denn die
leibliche Uebung ist wenig nütz; aber die Gottseligkeit ist
zu allen Dingen nütz, und hat die Verheißung dieses und des
zukünftigen Lebens. 1. Timoth. 4, 7. 8.

V

81. Verlaß dich nicht auf deinen Reichthum, und denke
nicht: „Ich habe genug für mich." Folge deinem Muthwillen nicht, ob du es gleich vermagst, und thue nicht, was
dich gelüstet. Sir. 5, 1. 2.

82. Vergeltet nicht Böses mit Bösem, oder Scheltwort
mit Scheltwort, sondern dagegen segnet, und wisset, daß ihr
dazu berufen seid, daß ihr den Segen beerbet. 1. Petr. 3, 9.

83. Vor einem grauen Haupt sollst du aufstehen und die
Alten ehren; denn du sollst dich fürchten vor deinem Gott,
denn ich bin der Herr. 3. Mos. 19, 32.

84. Verwirf mich nicht von deinem Angesicht, und nimm
deinen heiligen Geist nicht von mir. Tröste mich wieder
mit deiner Hülfe, und dein freudiger Geist enthalte mich.
Ps. 51, 13. 14.

W

85. Wer Gottes Wort glaubet, der achtet die Gebote,
und wer dem Herrn vertrauet, dem wird nichts mangeln.
Sirach 33, 28.

86. Wer mich bekennet vor den Menschen, den will ich auch bekennen vor meinem himmlischen Vater; wer mich aber verläugnet vor den Menschen, den will ich auch verläugnen vor meinem himmlischen Vater. Matth. 10, 32. 33.

87. Wer seinen Bruder hasset, der ist ein Todtschläger; und ihr wisset, daß ein Todtschläger nicht hat das ewige Leben bei ihm bleibend. 1 Joh. 3, 15.

88. Wer Sünde thut, der ist vom Teufel; denn der Teufel sündiget von Anfang. Dazu ist erschienen der Sohn Gottes, daß Er die Werke des Teufels zerstöre. 1. Joh. 3, 8.

3

89. Zeige mir deinen Glauben mit deinen Werken, so will ich auch meinen Glauben dir zeigen mit meinen Werken. Jak. 2, 18.

90. Zürnet und sündiget nicht; lasset die Sonne nicht über eurem Zorn untergehen. Gebet auch nicht Raum dem Lästerer. Eph. 4, 26. 27.

91. Züchtige deinen Sohn, so wird er dich ergötzen, und deiner Seele sanft thun. Spr. Sal. 29, 17.

92. Zweierlei bitte ich von dir, die wolltest du mir nicht weigern, ehe denn ich sterbe. Abgötterei und Lügen laß ferne von mir sein; Armuth und Reichthum gib mir nicht; laß mich aber mein bescheiden Theil Speise dahin nehmen. Ich möchte sonst, wo ich zu satt würde, verläugnen und sagen: „Wer ist der Herr?" Und wo ich zu arm würde, möchte ich stehlen, und mich an dem Namen meines Gottes vergreifen. Spr. Sal. 30, 7. 8. 9.

II.

Spruchbuch zu Luthers Katechismus.

Erste Ordnung.

Sprüche zum ersten Hauptstück des Katechismus.

Die zehn Gebote.

(Zum ersten Gebot.)

1. Du sollst dir kein Bildniß noch irgend ein Gleichniß machen, weder des, das oben im Himmel, noch des, das unten auf Erden, oder des, das im Wasser unter der Erde ist. Bete sie nicht an und diene ihnen nicht. 2. Mos. 20, 5. 6.

2. Ich, der Herr, das ist Mein Name, und will Meine Ehre keinem Andern geben, noch Meinen Ruhm den Götzen. Jes. 42, 8.

3. Fürchtet euch nicht vor Denen, die den Leib tödten, und die Seele nicht mögen tödten; fürchtet euch aber vielmehr vor Dem, der Leib und Seele verderben mag in die Hölle. Matth. 10, 28.

4. So spricht der Herr: „Verflucht ist der Mann, der sich auf Menschen verläßt, und hält Fleisch für seinen Arm, und mit seinem Herzen von dem Herrn weicht." Jer. 17, 5.

5. Lasset uns die Hauptsumme aller Lehre hören: Fürchte Gott und halte Seine Gebote; denn das gehört allen Menschen zu. Denn Gott wird alle Werke vor Gericht bringen, das verborgen ist, es sei gut oder böse. Pred. 12, 13. 14.

6. Unser Gott ist im Himmel; Er kann schaffen, was Er

will. Jener Götzen aber sind Silber und Gold, von Menschenhänden gemacht. Sie haben Mäuler und reden nicht; sie haben Augen und sehen nicht; sie haben Ohren und hören nicht; sie haben Nasen und riechen nicht; sie haben Hände und greifen nicht; Füße haben sie und gehen nicht; und reden nicht durch ihren Hals. Die solche machen, sind gleich also, und Alle, die auf sie hoffen. Pf. 115, 3—8.

7. Wenn ich nur Dich habe, so frage ich nichts nach Himmel und Erde. Wenn mir gleich Leib und Seele verschmachtet, so bist du doch, Gott, allezeit meines Herzens Trost und mein Theil. Pf. 73, 25. 26.

8. Es ist gut, auf den Herrn vertrauen, und sich nicht verlassen auf Menschen; es ist gut, auf den Herrn vertrauen, und sich nicht verlassen auf Fürsten. Pf. 118, 8. 9.

9. Was betrübst du dich, meine Seele, und bist so unruhig in mir? Harre auf Gott; denn ich werde Ihm noch danken, daß Er meines Angesichts Hilfe und mein Gott ist. Pf. 43, 5

10. Bin ich nun Vater, wo ist meine Ehre? Bin ich Herr, wo fürchtet man mich? Mal. 1, 6.

11. Es ist Niemand heilig, wie der Herr; außer Dir ist Keiner, und ist kein Hort, wie unser Gott ist. 1. Sam. 1, 2.

12. Dir gebühret die Majestät und Gewalt, Herrlichkeit, Sieg und Dank; denn Alles, was im Himmel und auf Erden ist, das ist Dein; Dein ist das Reich, und Du bist erhöhet über Alles zum Obersten. 1. Chron. 30, 11.

13. Nun, unser Gott, wir danken Dir, und rühmen den Namen Deiner Herrlichkeit. 1. Chron. 30, 13.

14. Schämen müssen sich Alle, die den Bildern dienen, und sich der Götzen rühmen. Betet Ihn an, alle Götter. Pf. 97, 7.

15. Du, Herr! bist der Höchste in allen Landen; Du bist sehr erhöhet über alle Götter. Ps. 97, 9.

16. Ihr sollt euch nicht zu den Götzen wenden, und sollt euch keine gegossenen Götter machen, denn ich bin der Herr, euer Gott. 3. Mos. 19, 4.

———

(Zum zweiten Gebot.)

17. Sage den Kindern Israel: „Welcher seinem Gott fluchet, der soll seine Sünde tragen. Welcher des Herrn Namen lästert, der soll des Todes sterben. 3. Mos. 24, 15. 16.

18. Die Zunge kann kein Mensch zähmen, das unruhige Uebel, voll tödtlichen Giftes. Durch sie loben wir Gott, den Vater, und durch sie fluchen wir den Menschen, nach dem Bilde Gottes gemacht. Aus Einem Munde gehet Loben und Fluchen. Es soll nicht, lieben Brüder! also sein. Jak. 3, 8—10.

19. Ihr sollt nicht falsch schwören bei meinem Namen, und entheiligen den Namen deines Gottes; denn Ich bin der Herr. 3. Mos. 19, 12.

20. Ihr habt gehört, daß zu den Alten gesagt ist: „Du sollst keinen falschen Eid thun, und sollst Gott deinen Eid halten. Eure Rede aber sei: Ja, ja; nein, nein; was darüber ist, das ist vom Uebel. Matth. 5, 33. 37.

21. Es soll nicht unter dir gefunden werden, der seinen Sohn oder Tochter durch's Feuer gehen lasse, oder ein Weissager, oder ein Tagewähler, oder der auf Vogelgeschrei achte, oder ein Zauberer, oder Beschwörer, oder Wahrsager, oder der die Todten frage; denn wer solches thut, der ist dem Herrn ein Greuel, und um solcher Greuel willen vertreibt sie der Herr, dein Gott, vor dir her. 5. Mos. 18, 10—12.

22. Siehe, ich will an die Propheten, spricht der Herr, die ihr eigen Wort führen, und sprechen: „Er hat's gesagt." Jer. 23, 31.

23. Siehe, ich will an die, so falsche Träume weissagen, spricht der Herr, und predigen dieselben, und verführen mein Volk mit ihren Lügen und losen Theidingen; so Ich doch sie nicht gesandt und ihnen Nichts befohlen habe, und sie auch diesem Volk nichts nütze sind, spricht der Herr. Jer. 23, 32.

24. Opfere Gott Dank, und bezahle dem Höchsten deine Gelübde. Rufe mich an in der Noth, so will Ich dich erretten, und du sollst Mich preisen. Aber zum Gottlosen spricht Gott: „Warum verkündigest du Meine Rechte, und nimmst Meinen Bund in deinen Mund, so du doch Zucht hassest, und wirfst Meine Worte hinter dich? Ps. 50, 14—17.

25. Es werden nicht Alle, die zu Mir sagen: „Herr, Herr!" in das Himmelreich kommen, sondern die den Willen thun Meines Vaters im Himmel. Matth. 7, 21.

26. Lasset das Wort Christi reichlich unter euch wohnen in aller Weisheit; lehret und vermahnet euch selbst mit Psalmen und Lobgesängen und geistlichen lieblichen Liedern, und singet dem Herrn in eurem Herzen, und Alles, was ihr thut mit Worten oder mit Werken, das thut Alles in dem Namen des Herrn Jesu, und danket Gott, und dem Vater durch Ihn. Kol. 3, 16. 17.

27. Lobe den Herrn, meine Seele! und was in mir ist, Seinen heiligen Namen; lobe den Herrn, meine Seele! und vergiß nicht, was er dir Gutes gethan hat. Der dir

8

alle deine Sünde vergibt, und heilet alle deine Gebrechen Der dein Leben vom Verderben erlöset; der dich krönet mit Gnade und Barmherzigkeit. Pf. 103, 1—4.

28. Das ist ein köstlich Ding, dem Herrn danken, und lobsingen Deinen Namen, Du Höchster, des Morgens Deine Gnade, und des Nachts Deine Wahrheit verkündigen. Pf 92, 2. 3.

(Zum dritte Gebot.)

29. Sechs Tage sollst du arbeiten und alle deine Dinge beschicken; aber am siebenten Tage ist der Sabbath des Herrn, deines Gottes. Da sollst du kein Werk thun, noch dein Sohn, noch deine Tochter, noch dein Knecht, noch deine Magd, noch dein Vieh, noch dein Fremdling, der in deinen Thoren ist. 2. Mof. 20, 9. 10.

30. So lasset nun Niemand euch Gewissen machen über Speise oder über Trank, oder über bestimmten Feiertagen, oder Neumonden, oder Sabbather, welches ist der Schatten von dem, das zukünftig war, aber der Körper selbst ist in Christo. Koloss. 2, 16. 17.

31. Wer euch höret, der höret Mich; und wer euch ver= achtet, der verachtet Mich; wer aber Mich verachtet, der verachtet Den, der mich gesandt hat. Lucä 10, 16.

32. Lasset uns halten an dem Bekenntniß der Hoffnung, und nicht wanken; denn Er ist treu, der sie verheißen hat, und nicht verlassen unsere Versammlung, wie Etliche pfle= gen, sondern unter einander ermahnen, und das so viel mehr, so viel ihr sehet, daß sich der Tag nahet. Hebr. 10, 23. 25.

33. So aber sich Jemand unter euch lässet dünken, er diene Gott, und hält seine Zunge nicht im Zaum, sondern verführet sein Herz, deß Gottesdienst ist eitel. Jak. 1, 26.

34. Ein reiner und unbefleckter Gottesdienst vor Gott, dem Vater, ist der: Die Wittwen und Waisen in ihrer Trübsal besuchen, und sich von der Welt unbefleckt behalten. Jak. 1, 27.

35. Ich ermahne euch, lieben Brüder! durch die Barmherzigkeit unseres Gottes, daß ihr eure Leiber begebet zum Opfer, das da lebendig, heilig und Gott wohlgefällig sei, welches sei euer vernünftiger Gottesdienst. Röm. 12, 1.

36. Ich wasche meine Hände mit Unschuld, und halte mich, Herr! zu deinem Altar, da man höret die Stimme des Dankens, und da man prediget alle Deine Wunder. Herr, ich habe lieb die Stätte Deines Hauses, und den Ort, da Deine Ehre wohnet. Ps. 26, 6—8.

37. Darum auch wir ohne Unterlaß Gott danken, daß ihr, da ihr empfinget von uns das Wort göttlicher Predigt, nahmet ihr's auf, nicht als Menschen Wort, sondern, wie es denn wahrhaftig ist, als Gottes Wort, welcher auch wirket in euch, die ihr glaubet. 1. Thess. 2, 13.

38. Eins bitte ich vom Herrn, das hätte ich gern, daß ich im Hause des Herrn bleiben möge mein Leben lang, zu schauen die schönen Gottesdienste des Herrn, und Seinen Tempel zu besuchen. Ps. 27, 4.

(Zum vierten Gebot.)

39. Ihr Kinder! seid gehorsam euren Eltern in dem Herrn; denn das ist billig. Ehre Vater und Mutter, das ist das erste Gebot, das Verheißung hat. Auf daß dir's wohl gehe und lange lebest auf Erden. Ephes. 6, 1—3.

40. Gehorche Deinem Vater, der dich gezeuget hat, und verachte deine Mutter nicht, wenn sie alt wird. Spr. 23, 22.

41. Ein Auge, das den Vater verspottet, und verachtet der Mutter zu gehorchen, das müssen die Raben am Bache ausbacken, und die jungen Adler fressen. Spr. 30, 17.

42. Wer seinem Vater und seiner Mutter flucht, deß Leuchte wird verlöschen mitten in der Finsterniß. Spr. 20, 20.

43. Gedenket an eure Lehrer, die euch das Wort Gottes gesagt haben, welcher Ende schauet an und folget ihrem Glauben nach. Hebr. 13, 7.

44. Wir bitten euch aber, lieben Brüder! daß ihr erkennet, die an euch arbeiten, und euch vorstehen in dem Herrn, und euch vermahnen. Habt sie desto lieber um ihres Werks willen, und seid friedsam mit ihnen. 1. Thess. 5, 12. 13.

45. Jedermann sei unterthan der Obrigkeit, die Gewalt über ihn hat; denn es ist keine Obrigkeit, ohne von Gott; wo aber Obrigkeit ist die ist von Gott verordnet. Wer sich nun wider die Obrigkeit setzet, der widerstrebet Gottes Ordnung; die aber widerstreben, werden über sich ein Urtheil empfahen. Römer 13, 1. 2.

46. Ihr Knechte, seid unterthan mit aller Furcht den Herren, nicht allein den gütigen und gelinden, sondern auch den wunderlichen. 1. Petri 2, 18.

47. Seid unterthan aller menschlichen Ordnung um des Herrn willen, es sei dem Könige, als dem Obersten, oder den Hauptleuten, als den Gesandten von ihm, zur Rache über die Uebelthäter und zu Lobe den Frommen. 1. Petr. 2, 13. 14.

48. Thut Ehre Jedermann. Habt die Brüder lieb Fürchtet Gott. Ehret den König. 1. Petr. 2, 17.

(Zum fünften Gebot.)

49. Ihr habt gehöret, daß zu den Alten gesagt ist: „Du sollst nicht tödten; wer aber tödtet, der soll des Gerichts schuldig sein." Ich aber sage euch: „Wer mit seinem Bruder zürnet, der ist des Gerichts schuldig; wer aber zu seinem Bruder sagt: Racha! der ist des Raths schuldig; wer aber sagt: Du Narr! der ist des höllischen Feuers schuldig. Matth. 5, 21. 22.

50. Wer seinen Bruder hasset, der ist ein Todtschläger, und ihr wisset, daß ein Todtschläger nicht hat das ewige Leben bei ihm bleibend. 1. Joh. 3, 15.

51. Wer Menschenblut vergießt, deß Blut soll auch durch Menschen vergossen werden; denn Gott hat den Menschen nach Seinem Bilde gemacht. 1. Mos. 9, 6.

52. Vergeltet nicht Böses mit Bösem, oder Scheltwort mit Scheltwort, sondern dagegen segnet und wisset, daß ihr dazu berufen seid, daß ihr den Segen beerbet. 1. Petr. 3, 9.

53. Rächet euch selber nicht, meine Liebsten! sondern gebet Raum dem Zorn; denn es stehet geschrieben: „Die Rache ist mein, Ich will vergelten, spricht der Herr." So nun deinen Feind hungert, so speise ihn; dürstet ihn, so tränke ihn. Wenn du das thust, so wirst du feurige Kohlen auf sein Haupt sammeln. Römer 12, 19. 20.

54. So ziehet nun an, als die Auserwählten Gottes, Heiligen und Geliebten, herzliches Erbarmen, Freundlichkeit, Demuth, Sanftmuth, Geduld, und vertrage Einer den Andern, und vergebet euch unter einander, so Jemand Klage hat wider den Andern, gleichwie Christus euch vergeben hat, also auch ihr. Kol. 3, 12, 13.

55. Sei willfertig deinem Widersacher bald, dieweil du

3*

noch) bei ihm auf dem Wege bist, auf daß dich der Wider-
sacher nicht dermaleins überantworte dem Richter, und der
Richter überantworte dich dem Diener, und werdest in den
Kerker geworfen. Matth. 5, 25.

56. Brich dem Hungrigen dein Brod, und die, so im
Elend sind, führe in's Haus; so du Einen nackend siehest,
so kleide ihn, und entzeuch dich nicht von deinem Fleisch.
Jes. 58, 7.

57. Es wird aber ein unbarmherzig Gericht über Den
gehen, der nicht Barmherzigkeit gethan hat, und die Barmherzigkeit rühmet sich wider das Gericht. Jak. 2, 13.

58. Ich aber sage euch: Liebet eure Feinde; segnet,- die
euch fluchen; thut wohl denen, die euch hassen; bittet für
die, so euch beleidigen und verfolgen, auf daß ihr Kinder
seid eures Vaters im Himmel; denn Er läßt Seine Sonne
aufgehen über die Bösen und über die Guten, und lässet
regnen über Gerechte und Ungerechte. Matth. 5, 44. 45.

(Zum sechsten Gebot.)

59. Das ist der Wille Gottes, eure Heiligung, daß ihr
meidet die Hurerei, und ein Jeglicher unter euch wisse sein
Faß zu behalten in Heiligung und Ehren, nicht in der Lust-
seuche, wie die Heiden, die von Gott Nichts wissen. 1. Thess.
4, 3—5.

60. Ihr habt gehöret, daß zu den Alten gesagt ist: Du
sollst nicht ehebrechen. Ich aber sage euch: Wer ein Weib
ansiehet, ihr zu begehren, der hat schon mit ihr die Ehe gebrochen in seinem Herzen. Matth. 5, 27. 28.

61. Hurerei aber und alle Unreinigkeit oder Geiz lasset
nicht von euch gesagt werden, wie den Heiligen zustehet,

auch schandbare Worte und Narrentheiding oder Scherz, welche euch nicht ziemen, sondern vielmehr Danksagung. Ephes. 5, 3. 4.

62. So tödtet nun eure Glieder, die auf Erden sind, Hurerei, Unreinigkeit, schändliche Brunst, böse Lust und den Geiz, welcher ist Abgötterei, um welcher willen kommt der Zorn Gottes über die Kinder des Unglaubens. Koloss. 3, 5. 6.

63. Die Ehe soll ehrlich gehalten werden bei Allen, und das Ehebett unbefleckt; die Hurer aber und Ehebrecher wird Gott richten. Hebr. 13, 4.

64. Lasset uns ehrbarlich wandeln, als am Tage, nicht in Fressen und Saufen, nicht in Kammern und Unzucht, nicht in Hader und Neid, sondern ziehet an den Herrn Jesum Christ, und wartet des Leibes, doch also, daß er nicht geil werde. Röm. 13, 13. 14.

65. Wisset ihr nicht, daß die Ungerechten werden das Reich Gottes nicht ererben? Lasset euch nicht verführen; weder die Hurer, noch die Abgöttischen, noch die Ehebrecher, noch die Weichlinge, noch die Knabenschänder, noch die Diebe, noch die Geizigen, noch die Trunkenbolde, noch die Lästerer, noch die Räuber werden das Reich Gottes ererben. 1. Korinth. 6, 9. 10.

66. Lasset kein faul Geschwätz aus eurem Munde gehen, sondern was nützlich zur Besserung ist, da es noth thut, daß es holdselig sei zu hören. Ephes. 4, 29.

67. Fliehe die Lüste der Jugend; jage aber nach der Gerechtigkeit, dem Glauben, der Liebe, dem Frieden mit Allen, die den Herrn anrufen von reinem Herzen. 2. Timoth. 2, 22.

68. Weiter, lieben Brüder, was wahrhaftig ist, was ehrbar, was gerecht, was keusch, was lieblich, was wohl

lautet, ist etwa eine Tugend, ist etwa ein Lob, dem denket nach. Philipp. 4, 8.

— —

(Zum siebenten Gebot.)

69. Wehe dem, der sein Gut mehret mit fremdem Gut Wie lange wird's währen? Und ladet nur viel Schlamms auf sich. Hab. 2, 6.

70. Ihr sollt nicht ungleich handeln am Gericht mit der Elle, mit Gewicht, mit Maß. Rechte Wage, rechte Pfunde, rechte Scheffel, rechte Kannen sollen bei euch sein; denn ich bin der Herr, euer Gott, der euch aus Egyptenland geführet hat. 3. Mos. 19, 35. 36.

71. Wehe dem, der sein Haus mit Sünden bauet, und sein Gemach mit Unrecht, der seinen Nächsten umsonst arbeiten läßt, und gibt ihm seinen Lohn nicht. Jer. 22, 13.

72. Wenn aber Jemand dieser Welt Güter hat, und siehet seinen Bruder darben, und schließt sein Herz vor ihm zu, wie bleibet die Liebe Gottes bei ihm? 1. Joh. 3, 17.

73. Wer gestohlen hat, der stehle nicht mehr, sondern arbeite und schaffe mit den Händen etwas Gutes, auf daß er habe zu geben dem Dürftigen. Eph. 4, 28.

74. Ihr sollt nicht stehlen, noch lügen, noch fälschlich handeln, Einer mit dem Andern. Du sollst deinem Nächsten nicht Unrecht thun, noch berauben. Es soll des Tagelöhners Lohn nicht bei dir bleiben bis an den Morgen. 3. Mos. 19, 11 u. 13.

75. Wenn dein Bruder verarmet und neben dir abnimmt, so sollst du ihn aufnehmen als einen Fremdling oder Gast, daß er lebe neben dir, und sollst nicht Wucher von ihm nehmen, nach Uebersatz, sondern sollst dich vor deinem

Gott fürchten, auf daß dein Bruder neben dir leben könne. 3. Mos. 25, 35. 36.

76. Ihr sollt nicht sorgen und sagen: Was werden wir essen? Was werden wir trinken? Womit werden wir uns kleiden? Nach solchem Allen trachten die Heiden. Denn euer himmlischer Vater weiß, daß ihr deß Alles bedürfet. Matth. 6, 31. 32.

77. Der Wandel sei ohne Geiz, und lasset euch begnügen an dem, das da ist; denn Er hat gesagt: „Ich will dich nicht verlassen noch versäumen.“ Hebr. 13, 5.

78. Gib dem, der dich bittet, und wende dich nicht von dem, der dir abborgen will. Matth. 5, 42.

(Zum achten Gebot.)

79. Darum leget die Lügen ab, und redet die Wahrheit, ein Jeglicher mit seinem Nächsten, sintemal wir unter einander Glieder sind. Ephes. 4, 25.

80. Sie schießen mit ihren Zungen eitel Lügen und keine Wahrheit, und treiben's mit Gewalt im Lande, und gehen von einer Bosheit zur andern, und achten mich nicht, spricht der Herr. Jer. 9, 3.

81. Afterredet nicht unter einander, lieben Brüder! Wer seinem Bruder afterredet und urtheilet seinen Bruder, der afterredet dem Gesetz und urtheilet das Gesetz. Urtheilest du aber das Gesetz, so bist du nicht ein Thäter des Gesetzes, sondern ein Richter. Jak. 4, 11.

82. Herr! Wer wird wohnen in Deiner Hütte? Wer wird bleiben auf Deinem heiligen Berge? Wer ohne Wandel einhergehet, und Recht thut, und redet die Wahrheit von Herzen; wer mit seiner Zunge nicht verleumdet, und seinem

Nächsten kein Arges thut, und seinen Nächsten nicht schmähet. Pf. 15, 1—3.

83. Richtet nicht, auf daß ihr nicht gerichtet werdet; denn mit welcherlei Gerichte ihr richtet, werdet ihr gerichtet werden, und mit welcherlei Maaß ihr messet, wird euch gemessen werden. Matth. 7, 1. 2.

84. Was siehest du aber den Splitter in deines Bruders Auge, und wirst nicht gewahr des Balken in deinem Auge? Oder wie darfst du sagen zu deinem Bruder: „Halt! Ich will dir den Splitter aus deinem Auge ziehen?" Und siehe! Ein Balken ist in deinem Auge. Du Heuchler! Ziehe am ersten den Balken aus deinem Auge, darnach besiehe, wie du den Splitter aus deines Bruders Auge ziehest. Matth. 6, 3—5.

85. Wer dem Gottlosen Recht spricht, und den Gerechten verdammt, die sind Beide dem Herrn ein Gräuel. Spr. Sal. 17, 15.

86. Ein falscher Zeuge bleibt nicht ungestraft, und wer Lügen frech redet, wird nicht entrinnen. Spr. 19, 5.

87. Thue deinen Mund auf für die Stummen, und für die Sache Aller, die verlassen sind. Thue deinen Mund auf und richte recht, und räche den Elenden und Armen. Spr. 31, 8. 9.

88. Du bringest die Lügner um; der Herr hat Gräuel an den Blutgierigen und Falschen. Pf. 5, 7.

89. Denn draußen sind die Hunde, und Zauberer, und die Hurer, und Todtschläger, und die Abgöttischen, und Alle, die lieb haben und thun die Lügen. Offb. Joh. 22, 15.

90. Selig seid ihr, wenn euch die Menschen um meinet-willen schmähen und verfolgen und reden allerlei Uebels

oider euch), so sie daran lügen; seid fröhlich und getrost, es
wird euch im Himmel wohl belohnet werden. Matth. 5,
1. 12.

91. So Jemand spricht: „Ich liebe Gott," und hasset
einen Bruder, der ist ein Lügner; denn wer seinen Bruder
nicht liebet, den er siehet, wie kann er Gott lieben, den er
nicht siehet? Und dies Gebot haben wir von Ihm, daß,
wer Gott liebet, daß der auch seinen Bruder liebet. 1 Joh.
4, 20. 21.

***

(Zum neunten und zehnten Gebot.)

92. Es ist aber ein großer Gewinn, wer gottselig ist,
und lässet ihm genügen; denn wir haben Nichts in die
Welt gebracht, darum offenbar ist, wir werden auch Nichts
hinaus bringen. Wenn wir aber Nahrung und Kleider
haben, so lasset uns begnügen; denn die da reich werden
wollen, die fallen in Versuchung und Stricke und viel thörichter und schädlicher Lüste, welche versenken die Menschen
in's Verderben und Verdammniß; denn Geiz ist eine Wurzel
alles Uebels. 1 Timoth. 6, 6—10.

93. Niemand sage, wenn er versucht wird, daß er von
Gott versucht werde; denn Gott ist nicht ein Versucher zum
Bösen, Er versucht Niemand. Sondern ein Jeglicher wird
versucht, wenn er von seiner eigenen Lust gereizet und gelocket wird. Darnach wenn die Lust empfangen hat, gebieret
sie die Sünde; die Sünde aber, wenn sie vollendet ist, gebieret sie den Tod. Jak. 1, 13—15.

94. Wehe Denen, die Schaden zu thun trachten, und
gehen mit bösen Tücken um auf ihrem Lager, daß sie es
früh, wenn's lichte wird, vollbringen, weil sie die Macht
haben. Sie reißen zu sich Aecker und nehmen Häuser,

welche sie gelüstet, also treiben sie Gewalt mit eines Jeden Hause, und mit eines Jeden Erbe. Micha 2, 1. 2.

95. Ich sage aber: „Wandelt im Geist, so werdet ihr die Lüste des Fleisches nicht vollbringen; denn das Fleisch gelüstet wider den Geist, und den Geist wider das Fleisch; dieselbigen sind wider einander, daß ihr nicht thut, was ihr wollet. Gal. 5, 16. 17.

96. Welche Christo angehören, die kreuzigen ihr Fleisch sammt den Lüsten und Begierden. Gal. 5, 24.

97. Denn ich weiß, daß in mir, das ist in meinem Fleisch, wohnet nichts Gutes. Wollen habe ich wohl; aber vollbringen das Gute finde ich nicht. Denn das Gute, das ich will, das thue ich nicht, sondern das Böse, das ich nicht will, das thue ich. Röm. 7, 18. 19.

98. Habt nicht lieb die Welt, noch was in der Welt ist So Jemand die Welt lieb hat, in dem ist nicht die Liebe des Vaters; denn Alles, was in der Welt ist, nämlich des Fleisches Lust, und der Augen Lust, und hoffärtiges Leben, is nicht vom Vater, sondern von der Welt, und die Welt vergehet mit ihrer Lust; wer aber den Willen Gottes thut, der bleibet in Ewigkeit. 1 Joh. 2, 15—17.

99. An ihrer Vielen hat Gott kein Wohlgefallen; denn sie sind niedergeschlagen in der Wüste. Das ist aber uns zum Vorbilde geschehen, daß wir uns nicht gelüsten lasse des Bösen, gleichwie Jene gelüstet hat. 1 Cor. 10, 5. 6.

100. So lasset nun die Sünde nicht herrschen in euren sterblichen Leibe, ihr Gehorsam zu leisten in seinen Lüsten Röm. 6, 12.

101. Ist's nicht also: Wenn du fromm bist, so bist d angenehm; bist du aber nicht fromm, so ruhet die Sünd

vor der Thür? Aber laß du ihr nicht ihren Willen, sondern
herrsche über sie. 1 Mos. 4, 7.

(Von der Erfüllung und dem Gebrauch des Gesetzes. Sünde, Buße und gute Werke.)

102. Das dem Gesetz unmöglich war, sintemal es durch
das Fleisch geschwächet war, das that Gott, und sandte
Seinen Sohn in der Gestalt des sündlichen Fleisches, und
verdammte die Sünde im Fleisch durch Sünde. Auf daß
die Gerechtigkeit, vom Gesetz erfordert, in uns erfüllet
würde, die wir nun nicht nach dem Fleisch wandeln, sondern
nach dem Geist. Röm. 8, 3. 4.

103. Christus ist des Gesetzes Ende; wer an Den glau=
bet, der ist gerecht. Röm. 10, 4.

104. Es ist kein Mensch auf Erden, der Gutes thue und
nicht sündige. Pred. 7, 21.

105. Wer will einen Reinen finden bei Denen, da Kei=
ner rein ist? Hiob 14, 4.

106. Denn wir wissen, daß das Gesetz geistlich ist; ich
aber bin fleischlich, unter die Sünde verkauft. Röm. 7, 14

107. Nicht, daß ich's schon ergriffen habe, oder schon
vollkommen sei; ich jage ihm aber nach, ob ich's auch er=
greifen möchte, nachdem ich von Christo Jesu ergriffen bin.
Phil. 3, 12.

108. Denn so Jemand das ganze Gesetz hält, und sün=
diget an Einem, der ist's ganz schuldig. Jakobi 2, 10.

109. Das Gesetz ist unser Zuchtmeister gewesen auf
Christum, daß wir durch den Glauben gerecht würden.
Gal. 3, 24.

110. Durch Einen Menschen ist die Sünde in die Welt

4

gekommen und der Tod durch die Sünde, und ist also der Tod zu allen Menschen durchgedrungen, dieweil sie alle gesündiget haben. Röm. 5, 12.

111. Was vom Fleisch geboren wird, das ist Fleisch, und was vom Geist geboren wird, das ist Geist. Laß dich's nicht wundern, daß ich dir gesagt habe: Ihr müßt von Neuem geboren werden. Joh. 3, 5. 6.

112. Denn es ist hier kein Unterschied; sie sind allzumal Sünder und mangeln des Ruhms, den sie an Gott haben sollten, und werden ohne Verdienst gerecht aus Seiner Gnade durch die Erlösung, so durch Christum Jesum geschehen ist. Röm. 3, 23. 24.

113. Siehe, ich bin aus sündlichem Samen gezeuget und meine Mutter hat mich in Sünden empfangen. Ps. 51, 7

114. Die Opfer, die Gott gefallen, sind ein geängsteter Geist; ein geängstet und zerschlagen Herz wirst du, Gott! nicht verachten. Ps. 51, 19.

115. Kehre wieder, du abtrünnige Israel! spricht der Herr, so will ich mein Antlitz nicht gegen euch verstellen Denn ich bin barmherzig, spricht der Herr, und will nicht ewiglich zürnen. Allein erkenne deine Missethat, daß du wider den Herrn, deinen Gott, gesündiget hast. Jer. 3, 12. 13.

116. Dem aber, der nicht mit Werken umgehet, glaubet aber an den, der die Gottlosen gerecht machet, dem wird sein Glaube gerechnet zur Gerechtigkeit. Röm. 4, 5.

117. Ich bin der Weinstock, ihr seid die Reben. Wer in Mir bleibet, und Ich in ihm, der bringet viele Frucht; denn ohne Mich könnet ihr Nichts thun. Joh. 15, 5,

118. Lasset euer Licht leuchten vor den Leuten, daß sie

eure guten Werke sehen, und euren Vater im Himmel preisen. Matth. 5, 16.

119. Also auch der Glaube, wenn er nicht Werke hat, ist er todt an ihm selber. Aber es möchte Jemand sagen: „Du hast den Glauben, und ich habe die Werke; zeige mir deinen Glauben mit deinen Werken, so will ich auch meinen Glauben dir zeigen mit meinen Werken." Jak. 2, 17. 18.

120. So halten wir es nun, daß der Mensch gerecht werde ohne des Gesetzes Werke, allein durch den Glauben. Röm. 3, 28.

121. Denn aus Gnaden seid ihr selig worden durch den Glauben; und dasselbige nicht aus euch, Gottes Gabe ist es, nicht aus den Werken, auf daß sich nicht Jemand rühme. Eph. 2, 8. 9.

Zweite Ordnung.

Sprüche zum zweiten Hauptstück des Katechismus:

Der Glaube.

(Von Gott im Allgemeinen.)

122. Gott ist ein Geist, und die Ihn anbeten, die müssen Ihn im Geist und in der Wahrheit anbeten. Joh. 4, 24.

123. Herr Gott! Du bist unsere Zuflucht für und für. Ehe denn die Berge worden, und die Erde und die Welt geschaffen worden, bist Du, Gott! von Ewigkeit zu Ewigkeit. Ps. 90, 2.

124. Herr! Du erforschest mich und kennest mich. Ich sitze oder stehe auf, so weißest Du es, Du verstehest meine Gedanken von ferne. Ich gehe oder liege, so bist Du um mich, und siehest alle meine Wege. Denn siehe, es ist kein

Wort auf meiner Zunge, das Du, Herr! nicht Alles wissest. Pf. 139, 1—4.

125. Bin ich nicht ein Gott, der nahe ist, spricht der Herr, und nicht ein Gott, der ferne sei? Meinest du, daß sich Jemand so heimlich verbergen könne, daß Ich ihn nicht sehe? spricht der Herr. Bin ich's nicht, der Himmel und Erde füllet? spricht der Herr. Jer. 23, 23. 24.

126. Heilig, heilig, heilig ist der Herr Zebaoth, alle Lande sind Seiner Ehre voll. Jes. 6, 3.

127. Daß man weiß, daß Gott sei, ist ihnen (den Heiden) offenbar; denn Gott hat es ihnen offenbart. Damit, daß Gottes unsichtbares Wesen, das ist, seine ewige Kraft und Gottheit, wird ersehen, so man deß wahrnimmt an den Werken, nämlich an der Schöpfung der Welt; also, daß sie keine Entschuldigung haben. Röm. 1, 19. 20.

128. Herr! Wie sind Deine Werke so groß und viel, Du hast sie alle weislich geordnet, und die Erde ist voll Deiner Güter. Pf. 104, 24.

129. Die Güte des Herrn ist, daß wir nicht gar aus sind, Seine Barmherzigkeit hat noch kein Ende, sondern sie ist alle Morgen neu, und Seine Treue ist groß. Klagl. Jer. 3, 22. 23.

130. Haben wir nicht Alle Einen Vater? Hat uns nicht ein Gott geschaffen? Warum verachten wir denn Einer den Andern, und entheiligen den Bund, mit unsern Vätern gemacht? Mal. 2, 10.

131. Gott ist nicht ein Mensch, daß Er lüge, noch ein Menschenkind, daß Ihn etwas gereue. Sollte Er etwas sagen und nicht thun? Sollte Er etwas reden und nicht halten? 4. Mos. 23, 19.

132. So wahr als Ich lebe, spricht der Herr Herr: Ich habe keinen Gefallen am Tode des Gottlosen, sondern daß sich der Gottlose bekehre von seinem Wesen und lebe. Hes. **33, 11.**

133. Gott will, daß allen Menschen geholfen werde, und zur Erkenntniß der Wahrheit kommen. 1. Tim. **2, 4.**

134. Gott will nicht, daß Jemand verloren werde, sondern daß sich Jedermann zur Buße kehre. 2. Pet. **3, 9.**

(Zum ersten Artikel: **Von der Schöpfung.**)

135. Am Anfang schuf Gott Himmel und Erde; Und die Erde war wüste und leer, und es war finster auf der Tiefe, und der Geist Gottes schwebte auf dem Wasser. Und Gott sprach: „Es werde Licht!" Und es ward Licht. 1. Mos. **1, 1—4.**

136. Durch den Glauben merken wir, daß die Welt durch Gottes Wort fertig ist, daß Alles, was man siehet, aus Nichts geworden ist. Hebr. **11, 3.**

137. Wo warest Du, da ich die Erde gründete? Sage mir's, bist du so klug? Weißest du, wer ihr das Maaß gesetzt hat, oder wer über sie eine Richtschnur gesetzt hat? Oder worauf stehen ihre Füße versenket? Oder wer hat ihr einen Eckstein gelegt? Da mich die Morgensterne mit einander lobeten und preiseten alle Kinder Gottes. Hiob **38, 4—7.**

138. Wer hat das Meer mit seinen Thüren verschlossen, da es herausbrach, wie aus Mutterleibe? Da ich es mit Wolken kleidete, und in Dunkel einwickelte, wie in Windeln. Da ich ihm den Lauf brach mit Meinem Damm, und setzte ihm Riegel und Thür, und sprach: Bis hierher sollst du kommen, und nicht weiter. Hier sollen sich legen deine stolzen Wellen. Hiob **38, 8—11.**

139. Der Himmel ist durch das Wort des Herrn gemacht, und all sein Heer durch den Geist Seines Mundes. Pf. 33, 6.

140. Alle Welt fürchte den Herrn, und vor Ihm scheue sich Alles, was auf dem Erdboden wohnet; denn so Er spricht, so geschiehet es, und so Er gebietet, so stehet es da. Pf. 33, 8. 9.

141. Ich habe die Erde gemacht, und den Menschen drauf geschaffen. Ich bin's, dessen Hände den Himmel ausgebreitet haben, und habe alle seinem Heer geboten. Jef. 45, 12.

142. Er hat Seinen Engeln befohlen über dir, daß sie dich behüten auf allen deinen Wegen, daß sie dich auf den Händen tragen, und du deinen Fuß nicht an einen Stein stößest. Pf. 91, 11. 12.

143. Er begehret Mein, so will ich ihm aushelfen. Er kennet Meinen Namen, darum will Ich ihn schützen. Er rufet Mich an, so will Ich ihn erhören. Ich bin bei ihm in der Noth. Ich will ihn heraus reißen, und zu Ehren machen. Ich will ihn sättigen mit langem Leben und will ihm zeigen Mein Heil. Pf. 91, 14—16.

144. Ich bin zu gering aller Barmherzigkeit und Treue, die Du an mir gethan hast; denn ich hatte nicht mehr, da ich über diesen Jordan ging, und nun bin ich zwei Heere geworden. 1. Mof. 32, 10.

145. Der Engel des Herrn lagert sich um die her, so ihn fürchten, und hilft ihnen aus. Pf. 34, 8.

146. Aller Augen warten auf Dich, und Du giebst ihnen ihre Speise zu seiner Zeit; Du thust Deine Hand auf, und erfüllest Alles, was lebet, mit Wohlgefallen. Pf. 145, 15 16.

147. Kauft man nicht zween Sperlinge um Einen Pfen=
nig? Noch fällt derselben keiner auf die Erde ohne euren
Vater. Nun aber sind auch eure Haare auf dem Haupte
alle gezählet. Darum fürchtet euch nicht, ihr seid besser,
denn viel Sperlinge. Matth. 10, 29—31.

148. Siehe, des Herrn Auge siehet auf die, so Ihn
fürchten, die auf Seine Güte hoffen, daß Er ihre Seele er=
rette vom Tode, und ernähre sie in der Theurung. Pf.
33, 18. 19.

(Zum zweiten Artikel: Von der Erlösung.)

149. Es ist Ein Gott, und Ein Mittler zwischen Gott
und den Menschen, nämlich der Mensch Christus Jesus, der
sich selbst gegeben hat für Alle zur Erlösung, daß solches zu
seiner Zeit geprediget würde. 1. Tim. 2, 5. 6.

150. Ich will sie erlösen aus der Hölle, und vom Tod
erretten. Tod, ich will dir ein Gift, Hölle, ich will dir
eine Pestilenz sein. Hos. 13, 14.

151. Er hat uns errettet von der Obrigkeit der Finster=
niß, und hat uns versetzt in das Reich Seines lieben Soh=
nes, an welchem wir haben die Erlösung durch Sein Blut,
nämlich die Vergebung der Sünden. Col. 1, 13. 14.

152. Da aber die Zeit erfüllet war, sandte Gott seinen
Sohn, geboren von einem Weibe, und unter das Gesetz ge=
than, auf daß Er die, so unter dem Gesetz waren, erlösete,
daß wir die Kindschaft empfingen. Gal. 4, 4. 5.

153. Fürwahr, er trug unsere Krankheit, und lud auf
sich unsere Schmerzen. Wir aber halten ihn für den, der
geplagt und von Gott geschlagen und gemartert wäre.
Aber Er ist um unserer Missethat willen verwundet, und
um unserer Sünde willen zerschlagen; die Strafe liegt auf

Ihm, auf daß wir Friede hätten, und durch Seine Wunden sind wir geheilet. Jes. 53, 4. 5.

154. Meine Kindlein! Solches schreibe ich euch, auf daß ihr nicht sündiget, und ob Jemand sündiget, so haben wir einen Fürsprecher bei dem Vater, Jesum Christ, der gerecht ist. Und derselbige ist die Versöhnung für unsere Sünden; nicht allein aber für die unsere, sondern auch für der ganzen Welt. 1. Joh. 2, 1. 2.

155. Ein Jeglicher sei gesinnet, wie Jesus Christus auch war. Welcher, ob Er wohl in göttlicher Gestalt war, hielt Er es nicht für einen Raub, Gott gleich sein, sondern äußerte sich selbst, und nahm Knechtsgestalt an, ward gleich wie ein anderer Mensch, und an Geberden als ein Mensch erfunden. Er erniedrigte sich selbst und ward gehorsam bis zum Tod, ja zum Tode am Kreuz. Philipp. 2, 5—8.

156. Wisset, daß ihr nicht mit vergänglichem Silber oder Gold erlöset seid von eurem eiteln Wandel nach väterlicher Weise, sondern mit dem theuern Blut Christi, als eines unschuldigen und unbefleckten Lammes. 1. Pet. 1, 18. 19.

157. Gott hat den, der von keiner Sünde wußte, für uns zur Sünde gemacht, auf daß wir würden in Ihm die Gerechtigkeit, die vor Gott gilt. 2. Korinth. 5, 21.

158. Christus ist darum für Alle gestorben, auf daß die, so da leben, hinfort nicht ihnen selbst leben, sondern dem, der für sie gestorben und auferstanden ist. 2. Korinth. 5, 15.

159. Ich bin die Auferstehung und das Leben, wer an Mich glaubet, der wird leben, ob er gleich stürbe. Und wer da lebet und glaubet an Mich, der wird nimmermehr sterben. Glaubest du das? Joh. 11, 25. 26.

160. Der Herr sprach zu meinem Herrn: Setze dich zu

meiner Rechten, bis ich deine Feinde zum Schemel deiner
Füße lege. Pf. 110, 1.

161. Der hinunter gefahren ist, das ist derselbige, der
aufgefahren ist über alle Himmel, auf daß er Alles erfüllete.
Ephef. 4, 10.

162. Gott hat einen Tag gesetzt, an welchem Er richten
will den Kreis des Erdbodens mit Gerechtigkeit durch einen
Mann, in welchem Er's beschlossen hat, und Jedermann
vorhält den Glauben, nachdem Er Ihn hat von den Todten
auferweckt. Apgsch. 17, 31.

163. Siehe! Der Herr kommt mit viel tausend Heili=
gen, Gericht zu halten über Alle, und zu strafen alle ihre
Gottlosen, um alle Werke ihres gottlosen Wandels, damit
sie gottlos gewesen sind, und um alle das Harte, das die
gottlosen Sünder wider ihn geredet haben. Jud. 15.

164. Wir müssen Alle offenbar werden vor dem Richter=
stuhl Christi, auf daß ein Jeglicher empfahe, nach dem er
gehandelt hat bei Leibes Leben, es sei gut oder böse.
2. Kor. 5, 10.

165. Es wird aber des Herrn Tag kommen, als ein
Dieb in der Nacht, in welchem die Himmel zergehen wer=
den mit großem Krachen; die Elemente aber werden vor
Hitze schmelzen, und die Erde, und die Werke, die d'rinnen
sind, werden verbrennen. 2. Pet. 3, 10.

(Zum dritten Artikel: Von der Heiligung.)

166. Petrus aber sprach: Anania! Warum hat der
Satan dein Herz erfüllet, daß du dem Heiligen Geist
lügest, und entwendest etwas vom Gelde des Ackers?
Du hast nicht Menschen, sondern Gott gelogen. Apgsch.
5, 3. 4.

167. Wisset ihr nicht, daß ihr Gottes Tempel seid und der Geist Gottes in euch wohnet? 1. Korinth. 3, 16.

168. Der Geist Gottes hat mich gemacht und der Odem des Allmächtigen hat mir das Leben gegeben. Hiob 33, 4.

169. Ich will den Vater bitten, und Er soll euch einen andern Tröster geben, daß Er bei euch bleibe ewiglich. Den Geist der Wahrheit, welchen die Welt nicht kann empfahen; denn sie siehet Ihn nicht, und kennet Ihn nicht. Ihr aber kennet Ihn; denn er bleibet bei euch und wird in euch sein. Joh. 14, 16. 17.

170. Darum thue ich euch kund, daß Niemand Jesum verfluchet, der durch den Geist Gottes redet; und Niemand kann Jesum einen Herrn heißen ohne durch den Heiligen Geist. 1. Kor. 12, 3.

171. Der natürliche Mensch vernimmt Nichts vom Geist Gottes; es ist ihm eine Thorheit und kann es nicht erkennen; denn es muß geistlich gerichtet sein. 1. Korinth. 2, 14.

172. Ich will euch ein neu Herz und einen neuen Geist in euch geben, und will das steinerne Herz aus eurem Fleisch wegnehmen, und euch ein fleischern Herz geben. Ich will Meinen Geist in euch geben, und will solche Leute aus euch machen, die in Meinen Geboten wandeln, Meine Rechte halten und darnach thun. Hesek. 36, 26. 27.

173. Der Geist des Herrn Herrn ist über mir, darum hat mich der Herr gesalbet. Er hat mich gesandt, den Elenden zu predigen, die zerbrochenen Herzen zu verbinden, zu predigen den Gefangenen eine Erledigung, den Gebundenen eine Oeffnung, zu predigen ein gnädiges Jahr des Herrn, zu trösten alle Traurigen. Jes. 61, 1. 2.

174. Ihr seid das auserwählte Geschlecht, das königliche

Priesterthum, das heilige Volk, das Volk des Eigenthums, daß ihr verkündigen sollt die Tugenden Des, der euch berufen hat von der Finsterniß zu Seinem wunderbaren Licht. 1 Pet. 2, 9.

175. Gedenke an Deine Gemeine, die Du von Alters her erworben, und Dir zum Erbtheil erlöset hast. Pf. 74, 2.

176. Dem aber, der überschwänglich thun kann über Alles, das wir bitten oder verstehen, nach der Kraft, die da in uns wirket, Dem sei Ehre in der Gemeine, die in Christo Jesu ist, zu aller Zeit, von Ewigkeit zu Ewigkeit. Amen. Eph. 3, 20. 21.

177. Ihr seid gekommen zu dem Berge Zion und zu der Stadt des lebendigen Gottes, zu dem himmlischen Jerusalem, und zu der Menge vieler tausend Engel, und zu der Gemeine der Erstgebornen, die im Himmel angeschrieben sind, und zu Gott, dem Richter über Alle, und zu den Geistern der vollkommenen Gerechten. Hebr. 12, 22. 23.

178. Laß Deine Priester, Herr Gott! mit Heil angethan werden, und Deine Heiligen sich freuen über dem Guten. 2 Chron. 6, 41.

179. Hilf, Herr! Die Heiligen haben abgenommen, und der Gläubigen ist wenig unter den Menschenkindern. Pf. 12, 2.

180. Für die Heiligen, so auf Erden sind, und für die Herrlichen, an denen habe ich all mein Gefallen. Pf. 16, 3.

181. Wohl dem, dem die Uebertretungen vergeben sind, dem die Sünde bedecket ist; wohl dem Menschen, dem der Herr die Missethat nicht zurechnet, in des Geist kein Falsch ist. Pf. 32, 1. 2.

182. Gott, sei mir gnädig nach Deiner Güte, und **tilge**

meine Sünden nach Deiner großen Barmherzigkeit; wasche mich wohl von meiner Missethat, und reinige mich von meiner Sünde. Pf. 51, 3. 4.

183. Der Herr handelt nicht mit uns nach unsern Sünden, und vergilt uns nicht nach unserer Missethat. Denn so hoch der Himmel über der Erde ist, läßt Er Seine Gnade walten über die, so Ihn fürchten; so fern der Morgen ist vom Abend, läßt Er unsere Uebertretung von uns sein. Pf. 103, 10—12.

184. Wie sich ein Vater über Kinder erbarmet, so erbarmet sich der Herr über die, so Ihn fürchten; denn Er kennet, was für ein Gemächt wir sind; Er gedenket daran, daß wir Staub sind. Pf. 103, 13. 14.

185. So wir aber unsere Sünden bekennen, so ist Er treu und gerecht, daß Er uns die Sünden vergibt, und reiniget uns von aller Untugend. 1 Joh. 1, 9.

186. Gott hat Jesum durch Seine rechte Hand erhöhet zu einem Fürsten und Heiland, zu geben Israel Buße und Vergebung der Sünden. Apgsch. 5, 31.

187. Das ist das Testament, das ich ihnen machen will nach diesen Tagen, spricht der Herr: Ich will mein Gesetz in ihr Herz geben, und in ihre Sinne will ich es schreiben, und ihrer Sünden und ihrer Ungerechtigkeit will ich nicht mehr gedenken. Hebr. 10, 16. 17.

188. Wo ist solch ein Gott, wie Du bist? Der die Sünde vergibt und erlässet die Missethat den Uebrigen seines Erbtheils, der seinen Zorn nicht ewiglich behält; denn Er ist barmherzig. Mich. 7, 18.

189. Ich weiß, daß mein Erlöser lebet, und Er wird mich hernach aus der Erde auferwecken, und werde darnach

mit dieser meiner Haut umgeben werden, und werde in meinem Fleisch Gott sehen, denselben werde ich mir sehen, und meine Augen werden Ihn schauen, und kein Fremder Hiob 19, 25—27.

190. Es kommt die Stunde, in welcher Alle, die in den Gräbern sind, werden Seine Stimme hören, und werden hervorgehen, die da Gutes gethan haben, zur Auferstehung des Lebens; die aber Uebels gethan haben, zur Auferstehung des Gerichts. Joh. 5, 28. 29.

191. So nun der Geist des, der Jesum auferwecket hat, in euch wohnet, so wird auch derselbige, der Christum von den Todten auferwecket hat, eure sterblichen Leiber lebendig machen, um deswillen, daß Sein Geist in euch wohnet. Röm. 8, 11.

192. Das ist der Wille Des, der Mich gesandt, daß, wer den Sohn sieht und glaubet an Ihn, habe das ewige Leben, und Ich werde ihn auferwecken am jüngsten Tage. Joh. 6, 40.

193. Gott aber hat den Herrn auferwecket, und wird uns auch auferwecken durch Seine Kraft. 1 Kor. 6, 14.

194. Gleichwie sie in Adam Alle sterben, also werden sie in Christo Alle lebendig gemacht werden. 1 Kor. 15, 22.

195. So aber Christus geprediget wird, daß Er sei von den Todten auferstanden; wie sagen denn Etliche unter euch, die Auferstehung der Todten sei nichts? Ist aber die Auferstehung der Todten nichts, so ist auch Christus nicht auferstanden; ist aber Christus nicht auferstanden, so ist unsere Predigt vergeblich, so ist auch euer Glaube vergeblich. 1 Kor. 15, 12—14.

196. Wir warten aber eines neuen Himmels und einer

neuen Erde nach seiner Verheißung, in welcher Gerechtigkeit wohnet. 2 Pet. 3, 13.

197. Unsere Trübsal, die zeitlich und leicht ist, schaffet eine ewige und über alle Maaße wichtige Herrlichkeit uns, die wir nicht sehen auf das Sichtbare, sondern auf das Unsichtbare. Denn was sichtbar ist, das ist zeitlich, was aber unsichtbar ist, das ist ewig. 2 Kor. 4, 17. 18.

198. Das kein Auge gesehen hat, und kein Ohr gehöret hat, und in keines Menschen Herz gekommen ist, das Gott bereitet hat denen, die ihn lieb haben. 1 Korinth. 2, 9.

199. Wer mein Wort höret, und glaubet an den, der mich gesandt hat, der hat das ewige Leben, und kommt nicht in das Gericht, sondern er ist vom Tode zum Leben hindurchgedrungen. Joh. 5, 24.

200. Der Tod ist der Sünden Sold; aber die Gabe Gottes ist das ewige Leben in Christo Jesu, unserem Herrn. Röm. 6, 23.

201. Gelobet sei Gott und der Vater unseres Herrn Jesu Christi, der uns nach Seiner großen Barmherzigkeit wiedergeboren hat zu einer lebendigen Hoffnung durch die Auferstehung Jesu Christi von den Todten, zu einem unvergänglichen und unbefleckten und unverwelklichen Erbe, das behalten wird im Himmel. 1. Petr. 1, 3. 4.

Dritte Ordnung.

Sprüche zum dritten Hauptstück des Katechismus:

Das Vater Unser.

(Vom Gebet im Allgemeinen.)

202. Betet stets in allem Anliegen mit Bitten und Flehen im Geist, und wachet dazu mit allem Anhalten und Flehen für alle Heilige. Ephes. 6, 18.

203. So ermahne ich nun, daß man vor allen Dingen zuerst thue Bitte, Gebet, Fürbitte und Danksagung für alle Menschen. 1 Tim. 2, 1.

204. Wir liegen vor Dir mit unserem Gebet, nicht auf unsere Gerechtigkeit, sondern auf Deine große Barmherzigkeit. Dan. 9, 18.

205. Vernimm mein Schreien, mein König und mein Gott; denn ich will vor Dir beten. Ps. 5, 3.

206. Und wenn du betest, sollst du nicht sein, wie die Heuchler, die da gerne stehen und beten in den Schulen und an den Ecken auf den Gassen, auf daß sie von den Leuten gesehen werden. Wahrlich, ich sage euch: Sie haben ihren Lohn dahin. Matth. 6, 5.

207. Wachet und betet, daß ihr nicht in Anfechtung fallet; der Geist ist willig, aber das Fleisch ist schwach. Matth. 26, 41.

208. Wenn aber du betest, so gehe in dein Kämmerlein und schleuß die Thür zu, und bete zu deinem Vater im Verborgenen, und dein Vater, der in das Verborgene siehet, wird dir's vergelten öffentlich. Matth. 6, 6.

209. Alles, was ihr bittet im Gebet, so ihr glaubet, so werdet ihr's empfangen. Matth. 21, 22.

210. Bittet, so wird euch gegeben; suchet, so werdet ihr finden; klopfet an, so wird euch aufgethan; denn wer da bittet, der empfähet, und wer da suchet, der findet, und wer da anklopfet, dem wird aufgethan. Matth. 7, 7. 8.

211. Wenn ihr betet, sollt ihr nicht viel plappern, wie die Heiden; denn sie meinen, sie werden erhöret, wenn sie viele Worte machen. Darum sollt ihr euch ihnen nicht gleichen. Euer Vater weiß, was ihr bedürfet, ehe denn ihr Ihn bittet. Matth. 6, 7. 8.

212. Der Geist hilft unserer Schwachheit auf; denn wir wissen nicht, was wir beten sollen, wie sich's gebühret, sondern der Geist selbst vertritt uns auf's beste mit unaussprechlichem Seufzen. Röm. 8, 26.

(Zur ersten Bitte.)

213. Bist Du doch unser Vater; denn Abraham weiß von uns nicht, und Israel kennet uns nicht. Du aber, Herr, bist unser Vater und unser Erlöser. Von Alters her ist das Dein Name. Jes. 64, 16.

214. Weil ihr denn Kinder seid, hat Gott gesandt den Geist Seines Sohnes in eure Herzen, der schreiet: Abba, lieber Vater! Gal. 4, 6.

215. Ihr habt nicht einen knechtlichen Geist empfangen, daß ihr euch abermal fürchten müßtet, sondern ihr habt einen kindlichen Geist empfangen, durch welchen wir rufen: Abba, lieber Vater! Röm. 8, 15.

216. Alle gute Gabe und alle vollkommene Gabe kommt von oben herab von dem Vater des Lichts, bei welchem ist keine Veränderung noch Wechsel des Lichts und Finsterniß. Jak. 1, 16.

217. Ich danke dem Herrn um Seiner Gerechtigkeit willen, und will loben den Namen des Herrn, des Allerhöchsten. Pf. 7, 18.

218. Ich will Deines Namens gedenken von Kind zu Kindeskind; darum werden Dir danken die Völker immer und ewiglich. Pf. 45, 18.

219. Ich will den Namen Gottes loben mit einem Liede, und will ihn hoch ehren mit Dank. Pf. 69, 31.

220. Ihr Völker! Bringet her dem Herrn, bringet her dem Herrn Ehre und Macht. Bringet her dem Herrn die Ehre Seinem Namen, bringet Geschenke und kommt in Seine Vorhöfe. Betet an den Herrn in heiligem Schmuck; es fürchte Ihn alle Welt. Pf. 96, 7—9.

221. Wir werden wandeln im Namen des Herrn, unseres Gottes immer und ewiglich. Mich. 4, 5.

222. Ich will sie stärken in dem Herrn, daß sie sollen wandeln in Seinem Namen, spricht der Herr. Sach. 10, 12.

223. Das ist ein köstlich Ding, dem Herrn danken, und lobsingen Deinem Namen, Du Höchster, des Morgens Deine Gnade, und des Nachts Deine Wahrheit verkündigen. Pf. 92, 2. 3.

224. Preiset mit mir den Herrn, und lasset uns mit einander Seinen Namen erhöhen. Pf. 34, 4.

(Zur zweiten Bitte.)

225. Dein Reich ist ein ewiges Reich, und Deine Herrschaft währet für und für. Pf. 145, 13.

226. Trachtet am ersten nach dem Reich Gottes und nach seiner Gerechtigkeit, so wird euch solches Alles zufallen. Matth. 6, 33.

5*

227. Das Gesetz und die Propheten weissagen bis auf Johannes; und von der Zeit an wird das Reich Gottes durch's Evangelium geprediget, und Jedermann dringet mit Gewalt hinein. Luc. 16, 16. -

228. Darum, dieweil wir empfahen ein unbeweglich Reich, haben wir Gnade, durch welche wir sollen Gott dienen mit Zucht und Furcht. Hebr. 12, 28.

229. Fürchte dich nicht, du kleine Heerde; denn es ist eures Vaters Wohlgefallen, euch das Reich zu geben. Luc. 12, 32.

230. Das Reich Gottes ist nicht Essen und Trinken, sondern Gerechtigkeit und Friede und Freude in dem Heiligen Geist. Wer darinnen Christo dienet, der ist Gott gefällig und den Menschen werth. Röm. 14, 17. 18.

231. Kommet her, ihr Gesegneten meines Vaters, erbet das Reich, das euch bereitet ist von Anbeginn der Welt. Matth. 25, 34.

232. Aber das Reich, Gewalt und Macht unter dem ganzen Himmel wird dem heiligen Volk des Höchsten gegeben werden, des Reich ewig ist, und alle Gewalt wird ihm dienen und gehorchen. Dan. 7, 27.

———

(Zur dritten Bitte.)

233. Ich suche nicht meinen Willen, sondern des Vaters Willen, der mich gesandt hat. Joh. 5, 30.

234. Es werden nicht Alle, die zu Mir sagen: Herr, Herr! in das Himmelreich kommen, sondern die den Willen thun Meines Vaters im Himmel. Matth. 7, 21.

235. Das ist aber der Wille Des, der mich gesandt hat, daß, wer den Sohn siehet und glaubet an ihn, habe das

ewige Leben, und Ich werde ihn auferwecken am jüngsten Tage. Joh, 6, 40.

236. Stellet euch nicht dieser Welt gleich, sondern verändert euch durch Verneuerung eures Sinnes, auf daß ihr prüfen möget, welches da sei der gute, der wohlgefällige und der vollkommene Gotteswille. Röm. 12, 2.

237. Darum werdet nicht unverständig, sondern verständig, was da sei des Herrn Wille. Eph. 5, 17.

238. Lobet den Herrn, alle seine Heerschaaren, die Diener, die ihr Seinen Willen thut. Pf. 103, 21.

239. Meine Speise ist die, daß Ich thue den Willen Des, der mich gesandt hat, und vollende Sein Werk. Joh. 4, 34.

240. Sintemal ihr den zum Vater anrufet, der ohne Ansehen der Person richtet nach eines Jeglichen Werk, so führet euren Wandel, so lange ihr hier wallet, mit Furcht. 1 Pet. 1, 17.

241. Herr! Lehre mich thun nach Deinem Wohlgefallen, denn Du bist mein Gott. Dein guter Geist führe mich auf ebener Bahn. Pf. 143, 10.

242. Mein Vater! Ist's nicht möglich, daß dieser Kelch von Mir gehe, Ich trinke ihn denn, so geschehe Dein Wille. Matth. 26, 42.

———

(Zur vierten Bitte.)

243. Wer seinen Acker bauet, der wird Brods die Fülle haben; wer aber unnöthigen Sachen nachgehet, der ist ein Narr. Spr. 12, 11.

244. Es ist umsonst, daß ihr frühe aufstehet, und her-

nach lange sitzet, und esset euer Brod mit Sorgen; denn
Seinen Freunden gibt Er's schlafend. Pf. 127, 2.

245. Wohl dem, der den Herrn fürchtet, und auf Seinen
Wegen gehet, du wirst dich nähren von deiner Hände Arbeit,
wohl dir, du hast es gut. Pf. 128, 1. 2.

246. Sorget nicht für den andern Morgen; denn der
morgende Tag wird für das Seine sorgen. Es ist genug,
daß ein jeglicher Tag seine eigene Plage habe. Matth. 6, 34.

247. Aller Augen warten auf Dich und Du gibst ihnen
ihre Speise zu seiner Zeit, Du thust Deine Hand auf und
erfüllest Alles, was lebet, mit Wohlgefallen. Pf. 145,
15. 16.

248. Der Wandel sei ohne Geiz, und lasset euch begnügen an dem, das da ist; denn Er hat gesagt: Ich will dich
nicht verlassen, noch versäumen. Hebr. 13, 5.

249. Ich bin jung gewesen und alt worden, und habe
noch nie gesehen den Gerechten verlassen, oder seinen Samen
nach Brod gehen. Pf. 37, 25.

(Zur fünften Bitte.)

250. Siehe an meinen Jammer und Elend, und vergib
mir alle meine Sünde. Pf. 25, 18.

251. Herr, gehe nicht in's Gericht mit Deinem Knecht;
denn vor Dir ist kein Lebendiger gerecht. Pf. 143, 2.

252. Unsere Missethat drücket uns hart, Du wollest
unsere Sünde vergeben. Pf. 65, 4.

253. Ihr sind viel Sünden vergeben; denn sie hat viel
geliebet; welchem aber wenig vergeben wird, der liebet wenig.
Luc. 7, 47.

254. So ihr den Menschen ihre Fehler vergebet, so wird euch euer himmlischer Vater auch vergeben; wo ihr aber den Menschen ihre Fehler nicht vergebet, so wird euch euer Vater eure Fehler auch nicht vergeben. Matth. 6, 14. 15.

255. Wer kann merken, wie oft er fehlet? Verzeihe mir die verborgenen Fehler. Pf. 19, 13.

256. Seid aber unter einander freundlich, herzlich, und vergebet Einer dem Andern, gleichwie Gott euch vergeben hat in Christo. Eph. 4, 32.

257. Du Schalksknecht! Alle diese Schuld habe ich dir erlassen, dieweil du mich batest; solltest du dich denn nicht auch erbarmen über deinen Mitknecht, wie ich mich über dich erbarmet habe? Matth. 18, 32. 33.

(Zur sechsten Bitte.)

258. Niemand sage, wenn er versucht wird, daß er von Gott versucht werde; denn Gott ist nicht ein Versucher zum Bösen; Er versucht Niemand, sondern ein Jeglicher wird versucht, wenn er von seiner eigenen Luft gereizet und gelocket wird. Jak. 1, 13. 14.

259. Es hat euch noch keine, denn menschliche Versuchung betreten; aber Gott ist getreu, der euch nicht lässet versuchen über euer Vermögen, sondern machet, daß die Versuchung so ein Ende gewinne, daß ihr's könnet ertragen. 1 Kor. 10, 13.

260. Der Herr weiß die Gottseligen aus der Versuchung zu erlösen; die Ungerechten aber zu behalten zum Tage des Gerichts, zu peinigen. 2 Pet. 2, 9.

261. Selig ist der Mann, der die Anfechtung erduldet; denn nachdem er bewähret ist, wird er die Krone des Lebens

empfahen, welche Gott verheißen hat denen, die Ihn lieb haben. Jak. 1, 12.

262. Ziehet an den Harnisch Gottes, daß ihr bestehen könnt gegen die listigen Anläufe des Teufels. Denn wir haben nicht mit Fleisch und Blut zu kämpfen, sondern mit Fürsten und Gewaltigen, nämlich mit den Herren der Welt, die in der Finsterniß dieser Welt herrschen, mit den bösen Geistern unter dem Himmel. Eph. 6, 11. 12.

263. Wehe der Welt, der Aergerniß halben! Es muß ja Aergerniß kommen, doch wehe dem Menschen, durch welchen Aergerniß kommt. Matth. 18, 7.

264. Meine lieben Brüder! Achtet es eitel Freude, wenn ihr in mancherlei Anfechtung fallet, und wisset, daß euer Glaube, so er rechtschaffen ist, Geduld wirket. Die Geduld aber soll fest bleiben bis an's Ende, auf daß ihr seid vollkommen und ganz, und keinen Mangel habt. Jak. 1, 2. 4.

265. Alles, was von Gott geboren ist, überwindet die Welt, und unser Glaube ist der Sieg, der die Welt überwunden hat. Wer ist aber, der die Welt überwindet, ohne der da glaubet, daß Jesus Gottes Sohn ist. 1 Joh. 5, 4. 5.

266. Fürchte dich vor der keinem, das du leiden wirst. Siehe, der Teufel wird Etliche von euch in's Gefängniß werfen, auf daß ihr versucht werdet, und werdet Trübsal haben zehn Tage. Sei getreu bis an den Tod, so will ich dir die Krone des Lebens geben. Offb. 2, 10.

(Zur siebenten Bitte.)

267. Der Herr wird mich erlösen von allem Uebel, und mir aushelfen zu Seinem himmlischen Reich, welchem sei Ehre von Ewigkeit zu Ewigkeit. Amen. 2 Tim. 4, 18.

268. Aus sechs Trübsalen wird Er dich erretten, und **in** der siebenten wird dich kein Uebel rühren. Hiob 5, 19.

269. Es wird dir kein Uebels begegnen, und keine Plage wird zu deiner Hütte sich nahen. Pf. 91, 10.

270. Ich bitte nicht, daß Du sie von der Welt nehmest, sondern daß Du sie bewahrest von dem Uebel Joh. 17, 15.

271. Ich weiß, daß Du gnädig, barmherzig, langmüthig und von großer Güte bist, und läßt Dich des Uebels reuen. Jon. 4, 2.

272. Herr, nun lässest Du Deinen Diener in Frieden fahren, wie Du gesagt hast, denn meine Augen haben Deinen Heiland gesehen. Lucä 2, 29. 30.

273. Ich elender Mensch, wer wird mich erlösen von dem Leibe dieses Todes? Röm. 7, 24.

274. Wenn der Herr die Gefangenen Zions erlösen wird, so werden wir sein, wie die Träumenden. Dann wird unser Mund voll Lachens, und unsere Zunge voll Rühmens sein; dann wird man sagen unter den Heiden: „Der Herr hat Großes an ihnen gethan. Der Herr hat Großes an uns gethan, des sind wir fröhlich." Pf. 126, 1—3.

275. Herr, wende unser Gefängniß, wie Du die Wasser gegen Mittag trocknest. Die mit Thränen säen, werden mit Freuden ernten. Sie gehen hin und weinen und tragen edeln Samen, und kommen mit Freuden und bringen ihre Garben. Pf. 126, 4—6.

276. Was betrübst du dich, meine Seele, und bist so unruhig in mir? Harre auf Gott; denn ich werde ihm noch danken, daß er meines Angesichts Hilfe und mein Gott ist. Pf. 42, 12.

277. Die Erlöseten des Herrn werden wiederkommen, und gen Zion kommen mit Jauchzen; ewige Freude wird über ihrem Haupte sein; Freude und Wonne werden sie ergreifen, und Schmerz und Seufzen wird weg müssen. Jes. 35, 10.

(Der Beschluß des Vater Unsers.)

278. Herr! Du bist würdig zu nehmen Preis und Ehre und Kraft; denn Du hast alle Dinge geschaffen, und durch Deinen Willen haben sie das Wesen und sind geschaffen. Offb. Joh. 4, 11.

279. Und die vierundzwanzig Aeltesten fielen nieder und beteten an Den, der da lebet von Ewigkeit zu Ewigkeit. Offb. Joh. 5, 14.

280. Dir gebühret die Majestät und Gewalt, Herrlichlichkeit, Sieg und Dank. Denn Alles, was in Himmel und Erden ist, das ist Dein. Dein ist das Reich, und Du bist erhöhet über Alles zum Obersten. 1 Chron. 30, 11.

281. Herr, unserer Väter Gott! Bist Du nicht Gott im Himmel und Herrscher in allen Königreichen der Heiden? Und in Deiner Hand ist Kraft und Macht, und ist Niemand, der wider Dich stehen möge. 2 Chron. 20, 6.

282. Halleluja! Heil und Preis, Ehre und Kraft sei Gott, unserem Herrn. Off. 19, 1.

283. So spricht der Herr: Ich habe dich erhöret zur gnädigen Zeit, und habe dir am Tage des Heils geholfen. Jes. 49, 8.

284. Ich, der Herr, will sie erhören; Ich, der Gott Israel, will sie nicht verlassen. Jes. 41, 17.

285. Wo ich Unrechtes vorhätte in meinem Herzen, so

würde der Herr nicht hören. Darum erhöret mich Gott, und merkt auf mein Flehen. Gelobet sei Gott, der mein Gebet nicht verwirft, noch Seine Güte von mir wendet. Ps. 66, 18—20.

286. Das ist die Freudigkeit, die wir haben zu Ihm, daß, so wir Etwas bitten nach Seinem Willen, so höret Er uns. 1 Joh. 5, 14.

287. Weiter sage Ich euch: Wo Zween unter euch eins werden auf Erden, warum es ist, das sie bitten wollen, das soll ihnen widerfahren von Meinem Vater im Himmel. Matth. 18, 19.

288. Alle Gottes-Verheißungen sind Ja in Ihm und sind Amen in Ihm, Gott zu Lobe durch uns. 2 Kor. 1, 20.

Vierte Ordnung.

Sprüche zum vierten Hauptstück des Katechismus:

Die heilige Taufe.

289. So lasset uns nun hinzu gehen mit wahrhaftigem Herzen, in völligem Glauben, besprenget in unsern Herzen, und los von dem bösen Gewissen, und gewaschen am Leibe mit reinem Wasser. Hebr. 10, 22.

290. Lasset die Kindlein zu Mir kommen und wehret ihnen nicht; denn solcher ist das Reich Gottes. Wahrlich, Ich sage euch: Wer das Reich Gottes nicht empfähet als ein Kindlein, der wird nicht hinein kommen. Mark 10, 14. 15.

291. Nicht um der Werke willen der Gerechtigkeit, die wir gethan hatten, sondern nach Seiner Barmherzigkeit

machte Er uns selig durch das Bad der Wiedergeburt und
Erneuerung des Heiligen Geistes, welchen Er ausgegossen
hat über uns reichlich durch Jesum Christum, unsern Heiland, auf daß wir durch desselbigen Gnade gerecht und Erben
seien des ewigen Lebens nach der Hoffnung, das ist je gewißlich wahr. Tit. 3, 5—8.

292. Gehet hin in alle Welt und prediget das Evangelium aller Kreatur. Wer da glaubet und getauft wird,
der wird selig werden; wer aber nicht glaubet, der wird verdammt werden. Mark. 16, 15. 16.

293. Thut Buße und lasse sich ein Jeglicher taufen auf
den Namen Jesu Christi zur Vergebung der Sünden, so
werdet ihr empfahen die Gabe des Heiligen Geistes. Apgsch.
2, 38.

294. Denn ihr seid Alle Gottes Kinder durch den Glauben an Christo Jesu; denn wie viel euer getauft sind, die
haben Christum angezogen. Gal. 3, 26. 27.

295. Christus, lebendig gemacht nach dem Geist, ist hingegangen in demselbigen und hat geprediget den Geistern im
Gefängniß, die da etwa nicht glaubten, da Gott einsmals
harrete und Geduld hatte zu den Zeiten Noä, da man die
Arche zurüstete, in welcher wenig, das ist, acht Seelen, behalten wurden durch's Wasser, welches nun auch uns selig
macht in der Taufe, die durch jenes bedeutet ist, nicht das
Abthun des Unflaths am Fleisch, sondern der Bund eines
guten Gewissens mit Gott durch die Auferstehung Jesu
Christi. 1 Petr. 3, 18—21.

296. Ihr seid vollkommen in Ihm, welcher ist das
Haupt aller Fürstenthum und Obrigkeit, in welchem ihr
auch beschnitten seid mit der Beschneidung ohne Hände,
durch Ablegung des sündlichen Leibes im Fleisch, nämlich

mit der Beschneidung Christi, in dem, daß ihr mit Ihm be= graben seid durch die Taufe, in welchem ihr auch seid auf= erstanden durch den Glauben, den Gott wirket, welcher Ihn auferweckt hat von den Todten. Coloss. 2, 11. 12.

297. Und ich will rein Wasser über euch sprengen, daß ihr rein werdet. Von alle eurer Unreinigkeit und von alle euren Götzen will Ich euch reinigen. Hesek. 36, 25.

298. Wahrlich, wahrlich, Ich sage dir: Es sei denn, daß Jemand von Neuem geboren werde aus Wasser und Geist, so kann er nicht in das Reich Gottes kommen. Joh. 3, 5.

299. Und nun, was verzeuchst du? Stehe auf und laß dich taufen, und abwaschen deine Sünden, und rufe an den Namen des Herrn. Apostg. 22, 16.

300. Wisset ihr nicht, daß Alle, die wir in Jesum Chri= stum getauft sind, die sind in Seinen Tod getauft? So sind wir je mit Ihm begraben durch die Taufe in den Tod, auf daß, gleichwie Christus ist auferwecket von den Todten durch die Herrlichkeit des Vaters, also sollen auch wir in einem neuen Leben wandeln. Röm. 6, 3. 4.

301. Christus hat geliebet die Gemeine, und hat sich selbst für sie gegeben, auf daß Er sie heiligte und hat sie gereiniget durch das Wasserbad im Wort. Auf daß Er sie Ihm selbst darstellete eine Gemeine, die herrlich sei, die nicht habe einen Flecken oder Runzel oder deß etwas, son= dern daß sie heilig sei und unsträflich. Ephes. 5, 25—27.

302 Wer aber ärgert dieser Geringsten Einen, die an Mich glauben, dem wäre besser, daß ein Mühlstein an sei= nen Hals gehänget würde, und er ersäufet würde im Meer, da es am tiefsten ist. Matth. 18, 6.

303. Sehet zu, daß ihr nicht Jemand von diesen Kleinen

verachtet; denn ich sage euch: Ihre Engel im Himmel sehen allezeit das Angesicht Meines Vaters im Himmel. Matth. 18, 10.

304. So leget nun von euch ab nach dem vorigen Wandel den alten Menschen, der durch Lüste in Irrthum sich verderbet. Erneuert euch aber im Geist eures Gemüths und ziehet den neuen Menschen an, der nach Gott geschaffen ist in rechtschaffener Gerechtigkeit und Heiligkeit. Eph. 4, 22—24.

(Sprüche, welche besonders an die Confirmation und an die Treue gegen den dreieinigen Gott erinnern.)

305. Gelobet sei Gott und der Vater unsers Herrn Jesu Christi, der uns gesegnet hat mit allerlei geistlichen Segen in himmlischen Gütern durch Christum. Eph. 1, 3.

306. Ich habe einen guten Kampf gekämpfet; ich habe den Lauf vollendet; ich habe Glauben gehalten. Hinfort ist mir beigelegt die Krone der Gerechtigkeit, welche mir der Herr an jenem Tage, der gerechte Richter, geben wird; nicht mir aber allein, sondern auch Allen, die Seine Erscheinung lieb haben. 2 Tim. 4. 7. 8.

307. Dieweil du hast behalten das Wort Meiner Geduld, will ich auch dich behalten vor der Stunde der Versuchung, die kommen wird über der ganzen Welt Kreis, zu versuchen, die da wohnen auf Erden. Off. 3, 10.

308. Siehe, ich komme bald. Halte, was du hast, daß Niemand deine Krone nehme. Offb. 3, 11.

309. Wer überwindet, den will Ich machen zum Pfeiler in dem Tempel Meines Gottes, und soll nicht mehr hinaus gehen, und will auf ihn schreiben den Namen Meines Gottes,

und den Namen des neuen Jerusalems, der Stadt Meines Gottes, die vom Himmel hernieder kommt, von Meinem Gott, und Meinen Namen, den neuen. Offb. 3, 12.

310. Fürchte dich vor der keinem, das du leiden wirst. Sei getreu bis in den Tod, so will Ich dir die Krone des Lebens geben. Off. 2, 10.

311. Ich will dich unterweisen und dir den Weg zeigen, den du wandeln sollst. Ich will dich mit meinen Augen leiten. Ps. 32, 8.

312. Ringet darnach, daß ihr durch die enge Pforte eingehet; denn Viele werden (das sage Ich euch), darnach trachten, wie sie hinein kommen, und werden's nicht thun können. Luc. 13, 24.

313. Laßt uns die Hauptsumme aller Lehre hören: Fürchte Gott und halte Seine Gebote; denn das gehöret allen Menschen zu; denn Gott wird alle Werke vor Gericht bringen, das verborgen ist, es sei gut oder böse. Pred. 12, 13. 14.

314. Du aber bleibe in dem, das du gelernet hast, und dir vertrauet ist, sintemal du weißt, von wem du gelernet hast. 2 Tim. 3, 14.

315. Wer übertritt, und bleibt nicht in der Lehre Christi, der hat keinen Gott. Wer in der Lehre Christi bleibet, der hat beide, den Vater und den Sohn. 2 Joh. 9.

316. So ihr bleiben werdet an Meiner Rede, so seid ihr Meine rechten Jünger, und werdet die Wahrheit erkennen, und die Wahrheit wird euch frei machen. Joh. 8, 31. 32.

317. Herr, wohin sollen wir gehen? Du hast Worte des ewigen Lebens, und wir haben geglaubet und erkannt, daß Du bist Christus, der Sohn des lebendigen Gottes Joh. 6, 68. 69.

6*

Fünfte Ordnung.

Sprüche zum fünften Hauptstück des Katechismus:
Das heilige Abendmahl.

318. Der gesegnete Kelch, welchen wir segnen, ist der nicht die Gemeinschaft des Blutes Christi? Das Brod, das wir brechen, ist das nicht die Gemeinschaft des Leibes Christi? 1 Korinth. 10, 16.

319. Ihr könnet nicht zugleich trinken des Herrn Kelch und der Teufel Kelch; ihr könnet nicht zugleich theilhaftig sein des Herrn Tisches und der Teufel Tisches. 1 Korinth. 10, 21.

320. So oft ihr von diesem Brod esset, und von diesem Kelch trinket, sollt ihr des Herrn Tod verkündigen, bis daß Er kommt. 1 Korinth. 11, 26.

321. Welcher nun unwürdig von diesem Brod isset, oder von dem Kelch des Herrn trinket, der ist schuldig an dem Leib und Blut des Herrn. Der Mensch prüfe aber sich selbst, und also esse er von diesem Brod und trinke von diesem Kelch. Denn welcher unwürdig isset und trinket, der isset und trinket ihm selber das Gericht, damit, daß er nicht unterscheidet den Leib des Herrn. 1 Korinth. 11, 27—29.

322. Ihr sollt das Heiligthum nicht den Hunden geben, und eure Perlen sollt ihr nicht vor die Säue werfen, auf daß sie dieselbigen nicht zertreten mit ihren Füßen, und sich wenden und euch zerreißen. Matth. 7, 6.

323. Die Elenden sollen essen, daß sie satt werden, und die nach dem Herrn fragen, werden Ihn preisen. Euer Herz soll ewig leben. Ps. 22, 27.

324. Ich habe es von dem Herrn empfangen, das ich

euch gegeben habe; denn der Herr Jesus in der Nacht, da Er verrathen ward, nahm Er das Brod, dankete und brach's und sprach: „Nehmet, esset, das ist mein Leib, der für euch gebrochen wird, solches thut zu Meinem Gedächtniß." Desselbigen gleichen auch den Kelch nach dem Abendmahl, und sprach: „Dieser Kelch ist das neue Testament in meinem Blut; solches thut, so oft ihr's trinket, zu Meinem Gedächtniß." 1 Korinth. 11, 23—25.

325. Wir sind durch Einen Geist Alle zu Einem Leibe getauft, wir seien Juden oder Griechen, Knechte oder Freie, und sind Alle zu Einem Geist getränket. 1 Korinth. 12, 13.

326. Wer Mein Fleisch isset, und trinket Mein Blut, der hat das ewige Leben, und Ich werde ihn am jüngsten Tage auferwecken. Denn Mein Fleisch ist die rechte Speise und Mein Blut ist der rechte Trank. Wer Mein Fleisch isset und trinket Mein Blut, der bleibet in Mir und Ich in ihm. Joh. 6, 54—56.

327. Und da die Stunde kam, setzte Jesus sich nieder, und die zwölf Apostel mit ihm. Und Er nahm das Brod, dankete und brach's, und gab's ihnen, und sprach: „Das ist Mein Leib, der für euch gegeben wird; das thut zu Meinem Gedächtniß." Desselbigen gleichen auch den Kelch nach dem Abendmahl, und sprach: „Das ist der Kelch des neuen Testaments in Meinem Blut, das für euch vergossen wird." Lucä 22, 14. 19. 20.

328. Jesus sprach zu ihnen: „Wahrlich, wahrlich Ich sage euch: Werdet ihr nicht essen das Fleisch des Menschensohnes und trinken Sein Blut, so habt ihr kein Leben in euch. Joh. 6, 53.

329. Wenn ihr nun zusammen kommet, so hält man da nicht des Herrn Abendmahl. Denn so man das Abendmahl

halten soll, nimmt ein Jeglicher sein Eigenes vorhin, und Einer ist hungrig, der Andere ist trunken. 1 Korinth. 11. 20. 21.

Sechste Ordnung.

Sprüche zum „Amt der Schlüssel und der Beichte.“

(a. Von den Schlüsseln.)

330. Ich will dir des Himmelreichs Schlüssel geben. Alles, was du auf Erden binden wirst, soll auch im Himmel gebunden sein, und Alles, was du auf Erden lösen wirst, soll auch im Himmel los sein. Matth. 16, 19.

331. Sündiget aber dein Bruder an dir, so gehe hin und strafe ihn zwischen dir und ihm alleine. Höret er dich, so hast du deinen Bruder gewonnen. Höret er dich nicht, so nimm noch Einen oder Zween zu dir, auf daß alle Sache bestehe auf zweier oder dreier Zeugen Munde. Höret er die nicht, so sage es der Gemeine. Höret er die Gemeine nicht, so halte ihn als einen Heiden und Zöllner. Matth. 18, 15—18.

332. Nun aber habe ich euch geschrieben, ihr sollt Nichts mit ihnen zu schaffen haben: Nämlich, so Jemand ist, der sich lässet einen Bruder nennen, und ist ein Hurer oder ein Geiziger, oder ein Abgöttischer, oder ein Lästerer, oder ein Trunkenbold, oder ein Räuber, mit demselben sollt ihr auch nicht essen. 1 Korinth. 5, 11.

333. Was gehen mich die draußen an, daß ich sie sollte richten? Richtet ihr nicht, die da innen sind? Gott aber wird, die draußen sind, richten. Thut von euch selbst hinaus, wer da böse ist. 1 Kor. 5, 12. 13.

334. So habt nun Acht auf euch selbst und auf die ganze Heerde, unter welche euch der Heilige Geist gesetzet hat zu Bischöfen, zu weiden die Gemeine Gottes, welche er durch Sein eigen Blut erworben hat. Apgsch. 20, 28.

335. Wir gebieten euch aber, lieben Brüder! in dem Namen unsers Herrn Jesu Christi, daß ihr euch entziehet von allem Bruder, der da unordentlich wandelt, und nicht nach der Satzung, die er von uns empfangen hat. 2 Thess. 3, 6.

336. So Jemand nicht gehorsam ist unserem Wort, den zeichnet an durch einen Brief, und habt Nichts mit ihm zu schaffen, auf daß er schamroth werde. Doch haltet ihn nicht als einen Feind, sondern vermahnet ihn als einen Bruder. 2 Thess. 3, 14. 15.

337. So sind wir nun Botschafter an Christus Statt; denn Gott vermahnet durch uns; so bitten wir nun an Christus Statt: Lasset euch versöhnen mit Gott. 2 Korinth. 5, 20.

338. Dafür halte uns Jedermann, nämlich für Christi Diener und Haushalter über Gottes Geheimnisse. 1 Korinth. 4, 1.

(b. Beichte und Absolution.)

339. Da ich's wollte verschweigen, verschmachteten meine Gebeine durch mein täglich Heulen. Darum bekenne ich dir meine Sünde und verhehle meine Missethat nicht. Ich sprach: „Ich will dem Herrn meine Uebertretung bekennen," da vergabest du mir die Missethat meiner Sünde, Sela. Ps. 32, 3, 5.

340. Gott, sei mir gnädig nach Deiner Güte, und tilge meine Sünden nach Deiner großen Barmherzigkeit. Wasche

mich wohl von meiner Missethat, und reinige mich von meiner Sünde. Denn ich erkenne meine Missethat, und meine Sünde ist immer vor mir. An Dir allein hab' ich gesündiget, und übel vor Dir gethan, auf daß Du Recht behaltest in Deinen Worten, und rein bleibest, wenn Du gerichtet wirst. Ps. 51, 3—6.

341. Wer seine Missethat läugnet, dem wird's nicht gelingen; wer sie aber bekennet und lässet, der wird Barmherzigkeit erlangen. Spr. Sal. 28, 13.

342. Wenn du deine Gabe auf dem Altar opferst, und wirst allda eindenken, daß dein Bruder Etwas wider dich habe, so laß allda vor dem Altar deine Gabe, und gehe zuvor hin und versöhne dich mit deinem Bruder, und alsdann komm' und opfere deine Gabe. Matth. 5, 23. 24.

343. Sei willfertig deinem Widersacher bald, dieweil du noch bei ihm auf dem Wege bist, auf daß dich der Widersacher nicht dermaleins überantworte dem Richter, und der Richter überantworte dich dem Diener, und werdest in den Kerker geworfen. Matth. 5, 25.

344. So wir sagen, wir haben keine Sünde, so verführen wir uns selbst, und die Wahrheit ist nicht in uns. So wir aber unsere Sünden bekennen, so ist Er treu und gerecht, daß Er uns die Sünden vergibt, und reiniget uns von aller Untugend. So wir sagen, wir haben nicht gesündiget, so machen wir Ihn zum Lügner und Sein Wort ist nicht in uns. 1 Joh. 1, 8—10.

345. Der Zöllner stand von ferne, wollte auch seine Augen nicht aufheben gen Himmel, sondern schlug an seine Brust und sprach: „Gott sei mir Sünder gnädig.“ Ich sage euch: Dieser ging hinab gerechtfertiget in sein Haus vor Jenem. Denn wer sich selbst erhöhet, der wird ernie-

briget werden, und wer sich selbst erniedriget, der wird erhöhet werden. Lucä 18, 13. 14.

346. David sprach zu Nathan: „Ich habe gesündiget
wider den Herrn." Nathan sprach zu David: „So hat
auch der Herr deine Sünde weggenommen. Du wirst nicht
sterben." 2 Sam. 12, 13.

347. Bekenne Einer dem Andern seine Sünden, und
betet für einander, daß ihr gesund werdet. Des Gerechten
Gebet vermag viel, wenn es ernstlich ist. Jak. 5, 16.

348. Welchem aber ihr Etwas vergebet, dem vergebe ich
auch. Denn auch ich, so ich Etwas vergebe Jemanden, das
vergebe ich um euretwillen an Christus Statt. 2 Korinth.
2, 10.

III.

Der

kleine Katechismus von Dr. M. Luther.

Das erste Hauptstück.

Die zehn Gebote.

Wie sie ein Hausvater seinem Gesinde einfältiglich vorhalten soll.

Das erste Gebot:

Ich bin der Herr, dein Gott, du sollst nicht andere Götter haben neben mir.

Was ist das?

Wir sollen Gott über alle Dinge fürchten, lieben und vertrauen.

Das andere Gebot:

Du sollst den Namen des Herrn, deines Gottes, nicht unnützlich führen.

Was ist das?

Wir sollen Gott fürchten und lieben, daß wir bei seinem Namen nicht fluchen, schwören, zaubern, lügen oder trügen, sondern denselben in allen Nöthen anrufen, beten, loben und danken.

Das dritte Gebot:

Du sollst den Feiertag heiligen.

Was ist das?

Wir sollen Gott fürchten und lieben, daß wir die Predigt

und sein Wort nicht verachten, sondern dasselbe heilig halten, gerne hören und lernen.

Das vierte Gebot:

Du sollst deinen Vater und deine Mutter ehren, auf daß dir's wohl gehe und du lange lebest auf Erden.

Was ist das?

Wir sollen Gott fürchten und lieben, daß wir unsere Eltern und Herren nicht verachten, noch erzürnen, sondern sie in Ehren halten, ihnen dienen, gehorchen, sie lieb und werth haben.

Das fünfte Gebot:

Du sollst nicht tödten.

Was ist das?

Wir sollen Gott fürchten und lieben, daß wir unserem Nächsten an seinem Leibe keinen Schaden noch Leid thun, sondern ihm helfen und ihn fördern in allen Leibesnöthen.

Das sechste Gebot:

Du sollst nicht ehebrechen.

Was ist das?

Wir sollen Gott fürchten und lieben, daß wir keusch und züchtig leben in Worten und Werken, und ein Jeglicher sein Gemahl liebe und ehre.

Das siebente Gebot:

Du sollst nicht stehlen.

Was ist das?

Wir sollen Gott fürchten und lieben, daß wir unserem Nächsten sein Geld oder Gut nicht nehmen, noch mit falscher

7

Waare oder Handel an uns bringen, sondern ihm sein Gut und Nahrung helfen bessern und behüten.

Das achte Gebot:

Du sollst kein falsch Zeugniß reden wider deinen Nächsten.

Was ist das?

Wir sollen Gott fürchten und lieben, daß wir unsern Nächsten nicht fälschlich belügen, verrathen, afterreden, oder bösen Leumund machen, sondern sollen ihn entschuldigen, Gutes von ihm reden und Alles zum Besten kehren.

Das neunte Gebot:

Du sollst nicht begehren deines Nächsten Haus.

Was ist das?

Wir sollen Gott fürchten und lieben, daß wir unserem Nächsten nicht mit List nach seinem Erbe oder Hause stehen, noch mit einem Schein des Rechten an uns bringen, sondern ihm dasselbe zu behalten förderlich und dienstlich sein.

Das zehnte Gebot:

Du sollst nicht begehren deines Nächsten Weib, Knecht, Magd, Vieh, oder Alles, was sein ist.

Was ist das?

Wir sollen Gott fürchten und lieben, daß wir unserem Nächsten nicht sein Weib, Gesinde oder Vieh abspannen, abbringen, oder abwendig machen, sondern dieselbigen anhalten, daß sie bleiben und thun, was sie schuldig sind.

Was sagt nun Gott von diesen Geboten allen?

Er sagt also: Ich, der Herr, dein Gott, bin ein starker, eifriger Gott, der über die, so mich hassen, die Sünde der Väter heimsuchet an den Kindern bis in's dritte und vierte Glied, aber denen, so mich lieben und meine Gebote halten, thue ich wohl in tausend Glied.

Was ist das?

Gott dräuet zu strafen Alle, die diese Gebote übertreten; darum sollen wir uns fürchten vor seinem Zorn und nicht wider solche Gebote thun. Er verheißet aber Gnade und alles Gute Allen, die solche Gebote halten; darum sollen wir Ihn auch lieben und vertrauen, und gerne thun nach seinen Geboten

---

Das zweite Hauptstück.

Der Glaube.

Wie ein Hausvater denselbigen seinem Gesinde einfältiglich vorhalten soll.

Der erste Artikel.
Von der Schöpfung.

Ich glaube an Gott den Vater, allmächtigen Schöpfer Himmels und der Erden.

Was ist das?

Ich glaube, daß mich Gott geschaffen hat, sammt allen Kreaturen, mir Leib und Seele, Augen, Ohren und alle Glieder, Vernunft und alle Sinne gegeben hat und noch erhält; dazu Kleider und Schuh, Essen und Trinken, Haus und Hof, Weib und Kind, Aecker, Vieh und alle Güter, mit aller Nothdurft und Nahrung des Leibes und Lebens reichlich und täglich versorget, wider alle Fährlichkeit beschirmet und vor allem Uebel behütet und bewahret; und das Alles aus lauter väterlicher, göttlicher Güte und Barmherzigkeit, ohne all mein Verdienst und Würdigkeit, deß Alles ich Ihm zu danken und zu loben, und dafür zu dienen und gehorsam zu sein schuldig bin. Das ist gewißlich wahr.

Der andere Artikel.
Von der Erlösung.

Ich glaube an Jesum Christum, seinen einigen Sohn, unsern Herrn, der empfangen ist von dem Heiligen Geist, geboren aus Maria, der Jungfrau, gelitten unter Pontio Pilato, gekreuziget, gestorben und begraben, niedergefahren zur Hölle, am dritten Tage wieder auferstanden von den Todten, aufgefahren gen Himmel, sitzend zur Rechten Gottes, des allmächtigen Vaters, von dannen Er kommen wird, zu richten die Lebendigen und die Todten.

Was ist das?

Ich glaube, daß Jesus Christus, wahrhaftiger Gott, vom Vater in Ewigkeit geboren, und auch wahrhaftiger Mensch, von der Jungfrau Maria geboren, sei mein Herr, der mich verlornen und verdammten Menschen erlöset hat, erworben und gewonnen, von allen Sünden, vom Tod und von der Gewalt des Teufels; nicht mit Gold oder Silber, sondern mit seinem heiligen, theuren Blut, und mit seinem unschuldigen Leiden und Sterben, auf daß ich Sein eigen sei, und in Seinem Reich unter Ihm lebe, und Ihm diene in ewiger Gerechtigkeit, Unschuld und Seligkeit, gleichwie Er ist auferstanden vom Tode, lebet und regieret in Ewigkeit. Das ist gewißlich wahr.

Der dritte Artikel.
Von der Heiligung.

Ich glaube an den Heiligen Geist, eine heilige,

christliche Kirche, die Gemeinschaft der Heiligen, Vergebung der Sünden, Auferstehung des Fleisches und ein ewiges Leben. Amen.

Was ist das?

Ich glaube, daß ich nicht aus eigener Vernunft noch Kraft an Jesum Christum, meinen Herrn, glauben, oder zu Ihm kommen kann, sondern der Heilige Geist hat mich durch das Evangelium berufen, mit seinen Gaben erleuchtet, im rechten Glauben geheiliget und erhalten, gleichwie er die ganze Christenheit auf Erden berufet, sammelt, erleuchtet, heiliget und bei Jesu Christo erhält im rechten einigen Glauben, in welcher Christenheit er mir und allen Gläubigen täglich alle Sünden reichlich vergibt, und am jüngsten Tage mich und alle Todten auferwecken wird, und mir sammt allen Gläubigen in Christo ein ewiges Leben geben wird. Das ist gewißlich wahr.

Das dritte Hauptstück.

Das Vater Unser.

Wie ein Hausvater dasselbige seinen Kindern einfältiglich vorhalten soll.

Vater unser! der Du bist im Himmel.

Was ist das?

Gott will uns damit locken, daß wir glauben sollen, er sei unser rechter Vater, und wir seine rechten Kinder, auf daß wir getrost und mit aller Zuversicht ihn bitten sollen, wie die lieben Kinder ihren lieben Vater.

Die erste Bitte:

Geheiliget werde Dein Name.

7*

Was ist das?

Gottes Name ist zwar an ihm selbst heilig; aber wir bitten in diesem Gebet, daß er auch bei uns heilig werde.

Wie geschieht das?

Wo das Wort Gottes lauter und rein gelehret wird, und wir auch heilig, als die Kinder Gottes, darnach leben: das hilf uns, lieber Vater im Himmel! Wer aber anders lehret und lebet, denn das Wort Gottes lehret, der entheiliget unter uns den Namen Gottes, da behüte uns für, lieber, himmlischer Vater!

Die andere Bitte:

Dein Reich komme.

Was ist das?

Gottes Reich kommt wohl ohn' unser Gebet, von ihm selbst; aber wir bitten in diesem Gebet, daß es auch zu uns komme.

Wie geschieht das?

Wenn der himmlische Vater uns seinen Heiligen Geist gibt, daß wir seinem heiligen Wort durch seine Gnade glauben, und göttlich leben, hier zeitlich und dort ewiglich.

Die dritte Bitte:

Dein Wille geschehe, wie im Himmel, also auch auf Erden.

Was ist das?

Gottes guter, gnädiger Wille geschieht wohl ohne unser Gebet; aber wir bitten in diesem Gebet, daß er auch bei uns geschehe.

Wie geschieht das?

Wenn Gott allen bösen Rath und Willen bricht und hindert, so uns den Namen Gottes nicht heiligen und sein

Reich nicht kommen laſſen wollen, als da iſt des Teufels,
der Welt und unſers Fleiſches Wille; ſondern ſtärket und
behält uns feſt in ſeinem Wort und Glauben bis an unſer
Ende, das iſt ſein gnädiger und guter Wille.

Die vierte Bitte:

Unſer täglich Brod gib uns heute.

Was iſt das?

Gott gibt das tägliche Brod auch wohl ohne unſere Bitte,
allen böſen Menſchen; aber wir bitten in dieſem Gebet, daß
Er's uns erkennen laſſe, und mit Dankſagung empfahen
unſer täglich Brod.

Was heißt denn täglich Brod?

Alles, was zur Leibesnahrung und Nothdurft gehört,
als Eſſen, Trinken, Kleider, Schuh, Haus, Hof, Acker,
Vieh, Geld, Gut, fromm Gemahl, fromme Kinder, fromm
Geſinde, fromme und getreue Oberherren, gut Regiment,
gut Wetter, Friede, Geſundheit, Zucht, Ehre, gute Freunde,
getreue Nachbarn und desgleichen.

Die fünfte Bitte:

Und vergib uns unſere Schulden, als wir vergeben
unſern Schuldigern.

Was iſt das?

Wir bitten in dieſem Gebet, daß der Vater im Himmel
nicht anſehen wolle unſere Sünden, und um derſelben willen
ſolche Bitte nicht verſagen; denn wir ſind deren keines werth,
das wir bitten, haben's auch nicht verdienet, ſondern er
wolle uns Alles aus Gnaden geben; denn wir täglich viel
ſündigen und wohl eitel Strafe verdienen, ſo wollen wir
zwar wiederum auch herzlich vergeben und gerne wohl thun
denen, die ſich an uns verſündigen.

Die sechste Bitte:
Und führe uns nicht in Versuchung.

Was ist das?

Gott versucht zwar Niemand, aber wir bitten in diesem Gebet, daß uns Gott wolle behüten und erhalten, auf daß uns der Teufel, die Welt und unser Fleisch nicht betrüge, noch verführe in Mißglauben, Verzweiflung und andere große Schand und Laster, und ob wir damit angefochten würden, daß wir doch endlich gewinnen und den Sieg behalten.

Die siebente Bitte:
Sondern erlöse uns von dem Uebel.

Was ist das?

Wir bitten in diesem Gebet, als in der Summa, daß uns der Vater im Himmel von allerlei Uebel, Leibes und der Seele, Gutes und Ehre erlöse, und zuletzt, wenn unser Stündlein kommt, ein seliges Ende beschere, und mit Gnaden von diesem Jammerthal zu sich nehme in den Himmel. Amen.

Was heißt Amen?

Daß ich soll gewiß sein, solche Bitten sind dem Vater im Himmel angenehm und erhöret; denn er selbst hat uns geboten, also zu beten, und verheißen, daß er uns wolle erhören. Amen, Amen, das heißt: Ja, ja, es soll also geschehen.

Das vierte Hauptstück.

Das Sakrament der heiligen Taufe.

Wie ein Hausvater dasselbige seinem Gesinde einfältiglich vorhalten soll.

Zum Ersten:
Was ist die Taufe?

Die Taufe ist nicht allein schlecht Wasser, sondern sie ist

das Waſſer in Gottes Gebot gefaſſet, und mit Gottes Wort verbunden.

Welches iſt denn ſolch Wort Gottes?

Da unſer Herr Chriſtus ſpricht, Matthäi am letzten: Gehet hin in alle Welt, und lehret alle Völker, und taufet ſie im Namen des Vaters und des Sohnes und des Heiligen Geiſtes.

Zum Andern:
Was gibt oder nützet die Taufe?

Sie wirket Vergebung der Sünden, erlöſet vom Tod und Teufel, und gibt die ewige Seligkeit Allen, die es glauben, wie die Worte und Verheißung Gottes lauten.

Welches ſind denn ſolche Worte und Verheißung Gottes?

Da unſer Herr Chriſtus ſpricht, Marci am letzten: Wer da glaubet und getauft wird, der wird ſelig; wer aber nicht glaubet, der wird verdammet.

Zum Dritten:
Wie kann Waſſer ſolche große Dinge thun?

Waſſer thut's freilich nicht, ſondern das Wort Gottes, ſo mit und bei dem Waſſer iſt, und der Glaube, ſo ſolchem Wort Gottes im Waſſer trauet. Denn ohne Gottes Wort iſt das Waſſer ſchlecht Waſſer und keine Taufe. Aber mit dem Worte Gottes iſt es eine Taufe, das iſt: ein gnaden= reich Waſſer des Lebens, und ein Bad der neuen Geburt im Heiligen Geiſt, wie Sankt Paulus ſagt, Titum im dritten Kapitel:

Durch das Bad der Wiedergeburt und Erneuerung des heiligen Geiſtes, welchen er ausgegoſſen hat über uns reich= lich durch Jeſum Chriſtum, unſern Heiland, auf daß wir durch deſſelbigen Gnade gerecht und Erben ſeien des ewigen Lebens, nach der Hoffnung; das iſt gewißlich wahr.

Zum Vierten:

Was bedeutet denn solch Wassertaufen?

Es bedeutet, daß der alte Adam in uns durch tägliche Reue und Buße soll ersäufet werden und sterben mit allen Sünden und bösen Lüsten, und wiederum täglich heraus= kommen und auferstehen ein neuer Mensch, der in Gerech= tigkeit und Reinigkeit vor Gott ewiglich lebe.

Wo steht das geschrieben?

Sankt Paulus zu den Römern am sechsten spricht: Wir sind sammt Christo durch die Taufe begraben in den Tod, auf daß, gleichwie Christus ist von den Todten auferwecket durch die Herrlichkeit des Vaters, also sollen wir auch in einem neuen Leben wandeln.

Das fünfte Hauptstück.

Das Sakrament des Altars.

Wie ein Hausvater dasselbe seinem Gesinde einfältiglich vorhalten soll.

Was ist das Sakrament des Altars?

Es ist der wahre Leib und Blut unsers Herrn Jesu Christi unter dem Brod und Wein, uns Christen zu essen und zu trinken von Christo selbst eingesetzt.

Wo stehet das geschrieben.

So schreiben die heiligen Evangelisten Matthäus, Mar= kus, Lukas und Sankt Paulus:

Unser Herr Jesus Christus in der Nacht, da er verrathen ward, nahm er das Brod, dankte und brach's, und gab's seinen Jüngern und sprach: Nehmet hin und esset, das ist mein Leib, der für euch gegeben wird. Solches thut zu meinem Gedächtniß.

Deſſelbigen gleichen nahm er auch den Kelch, nach dem Abendmahl, dankete und gab ihnen den und ſprach: Nehmet hin und trinket Alle daraus; dieſer Kelch iſt das neue Teſta= ment in meinem Blut, das für euch vergoſſen wird zur Vergebung der Sünden. Solches thut, ſo oft ihr's trinket, zu meinem Gedächtniß.

Was nützet denn ſolch Eſſen und Trinken?

Das zeigen uns die Worte: Für euch gegeben und ver= goſſen zur Vergebung der Sünden. Nämlich, daß uns im Sakrament Vergebung der Sünden, Leben und Seligkeit durch ſolche Worte gegeben wird; denn wo Vergebung der Sünden iſt, da iſt auch Leben und Seligkeit

Wie kann leiblich Eſſen und Trinken ſolche große Dinge thun?

Eſſen und Trinken thut's freilich nicht, ſondern die Worte, ſo da ſtehen: Für euch gegeben und vergoſſen zur Vergebung der Sünden, welche Worte ſind neben dem leiblichen Eſſen und Trinken als das Hauptſtück im Sakrament, und wer denſelben Worten glaubet, der hat, was ſie ſagen und wie ſie lauten, nämlich: Vergebung der Sünden.

Wer empfähet denn ſolch Sakrament würdiglich?

Faſten und leiblich ſich bereiten iſt wohl eine feine äußer= liche Zucht; aber der iſt recht würdig und wohl geſchickt, der den Glauben hat an dieſe Worte: Für euch gegeben und vergoſſen zur Vergebung der Sünden. Wer aber dieſen Worten nicht glaubet, oder zweifelt, der iſt unwürdig und ungeſchickt; denn das Wort: „Für euch“ erfordert eitel gläubige Herzen.

Das Amt der Schlüſſel.

Wie ein Hausvater daſſelbige ſeinem Geſinde einfältiglich vorhalten ſoll.

Was iſt das Amt der Schlüſſel?

Das Amt der Schlüſſel iſt die beſondere Kirchengewalt,

0

die Christus seiner Kirche auf Erden hat gegeben, den bußfertigen Sündern die Sünde zu vergeben, den Unbußfertigen
aber ihre Sünde zu behalten, so lange sie nicht Buße thun.

Wo steht das geschrieben?

So schreibt der heilige Evangelist Johannes im zwanzigsten Kapitel: Der Herr Jesus blies seine Jünger an und
sprach zu ihnen: Nehmet hin den Heiligen Geist, welchen
ihr die Sünden erlasset, denen sind sie erlassen, und welchen
ihr sie behaltet, denen sind sie behalten.

Was glaubest du bei diesen Worten?

Ich glaube, was die berufenen Diener Christi aus seinem
göttlichen Befehl mit uns handeln; sonderlich, wenn sie die
öffentlichen und unbußfertigen Sünder von der christlichen
Gemeine ausschließen, und die, so ihre Sünde bereuen und
sich bessern wollen, wiederum entbinden, daß es also kräftig
und gewiß sei, auch im Himmel, als handelte es unser lieber
Herr Christus mit uns selber.

Von der Beichte.

Wie man die Einfältigen soll lehren beichten.

Was ist die Beichte?

Die Beichte begreift zwei Stücke in sich: Eines, daß man
die Sünde bekenne; das Andere, daß man die Absolution
oder Vergebung vom Beichtiger empfahe, als von Gott
selbst, und ja nicht daran zweifle, sondern fest glaube, die
Sünden seien dadurch vergeben vor Gott im Himmel.

Welche Sünden soll man denn beichten?

Vor Gott soll man sich aller Sünden schuldig geben, auch
die wir nicht erkennen, wie wir im Vater Unser thun; aber
vor dem Beichtiger sollen wir allein die Sünden bekennen,
die wir wissen und fühlen im Herzen.

Welche sind die?

Da siehe deinen Stand an, nach den zehn Geboten, ob du Vater, Mutter, Sohn, Tochter, Herr, Frau, Knecht, Magd seiest, ob du ungehorsam, untreu, unfleißig, zornig, unzüchtig, hässig gewesen seist? Ob du Jemand leid gethan hast mit Worten oder Werken? Ob du gestohlen, versäumet, verwahrloset, oder Schaden gethan hast?

Erster Anhang.
Der Morgensegen.

Das walte Gott Vater, Sohn und Heiliger Geist! Amen.

Darauf knieend oder stehend den Glauben und Vater unser. Willst du, so magst du dies Gebetlein dazu sprechen:

Ich danke Dir, mein lieber, himmlischer Vater! durch Jesum Christum, Deinen lieben Sohn, daß Du mich diese Nacht vor allem Schaden und Gefahr behütet hast, und bitte Dich, Du wollest mich diesen Tag auch behüten vor Sünden und allem Uebel, daß Dir all mein Thun und Leben gefalle. Denn ich befehle Dir meinen Leib und Seele und Alles in Deine Hände. Dein heiliger Engel sei mit mir, daß der böse Feind keine Macht an mir finde. Amen

Und alsdann mit Freuden an dein Werk gegangen, und etwa ein Lied gesungen, als: „Die zehn Gebote," oder was deine Andacht gibt.

Der Abendsegen.

Das walte Gott Vater, Sohn und Heiliger Geist. Amen.

Darauf knieend oder stehend den Glauben und Vater unser. Willst du, so magst du dies Gebetlein dazu sprechen:

Ich danke Dir, mein lieber, himmlischer Vater! durch Jesum Christum, Deinen lieben Sohn, daß Du mich diesen

8

Tag so gnädiglich behütet hast, und bitte Dich, Du wollest mir vergeben alle meine Sünde, wo ich Unrecht gethan habe, und mich diese Nacht auch gnädiglich behüten. Denn ich befehle mich, mein Leib und Seele und Alles in Deine Hände. Dein heiliger Engel sei mit mir, daß der böse Feind keine Macht an mir finde. Amen!

Und alsdann flugs und fröhlich geschlafen.

Wie ein Hausvater soll lehren das Benedicite und Gratias sprechen.

Die Kinder und Gesinde sollen mit gefalteten Händen und züchtig vor den Tisch treten und sprechen:

Aller Augen warten auf Dich, Herr! und Du gibst ihnen ihre Speise zu seiner Zeit, Du thust Deine Hand auf, und sättigest Alles, was da lebet, mit Wohlgefallen.

Darnach das Vater Unser und dies folgende Gebet: Herr Gott, himmlischer Vater! Segne uns diese Deine Gaben, die wir von Deiner milden Güte zu uns nehmen, durch Jesum Christum, unsern Herrn, Amen!

Das Gratias.

Also auch nach dem Essen sollen sie gleicherweise thun, züchtig und mit gefalteten Händen sprechen:

Danket dem Herrn; denn Er ist freundlich und Seine Güte währet ewiglich. Der allem Fleische Speise gibt; der dem Vieh sein Futter gibt, den jungen Raben, die Ihn anrufen. Er hat nicht Lust an der Stärke des Rosses, noch Gefallen an Jemandes Beinen. Der Herr hat Gefallen an denen, die Ihn fürchten, und auf Seine Güte warten.

Darnach das Vater Unser und dies folgende Gebet: Wir danken Dir, Herr Gott, himmlischer Vater! durch Jesum Christum, unsern Herrn, für alle Deine Wohlthaten: der Du lebest und regierest in Ewigkeit, Amen!

Zweiter Anhang.

Die Haustafel.

Etliche Sprüche für allerlei heilige Orden und Stände, dadurch dieselben, als durch eigene Lection, ihres Amtes und Dienstes zu ermahnen.

Den Bischöfen, Pfarrern und Predigern.

Ein Bischof soll unsträflich sein, Eines Weibes Mann; nüchtern, mäßig, sittig, gastfrei, lehrhaftig; nicht ein Weinsäufer, nicht beißig, nicht unehrliche Handthierung treiben; sondern gelinde, nicht haderhaftig, nicht geizig, der seinem eigenen Hause wohl vorstehe; der gehorsame Kinder habe, mit aller Ehrbarkeit, nicht ein Neuling, der ob dem Wort halte, das gewiß ist, und lehren kann, auf daß er mächtig sei, zu ermahnen durch die heilsame Lehre, und zu strafen die Widersprecher. In der Epistel zu Timotheo im 3. Kap., und Tit. 1, Vers 9.

———

Was die Zuhörer ihren Lehrern und Seelsorgern schuldig sind.

Esset und trinket, was sie haben; denn ein Arbeiter ist seines Lohnes werth. Luc. 10, 7.

Der Herr hat befohlen, daß die, so das Evangelium verkündigen, sollen sich vom Evangelio nähren. 1 Corinth. 9, 14.

Der unterrichtet wird mit dem Wort, der theile mit allerlei Gutes dem, der ihn unterrichtet. Irret euch nicht, Gott läßt sich nicht spotten. Gal. 6, 6. 7.

Die Aeltesten, die wohl vorstehen, die halte man zweifacher Ehre werth, sonderlich, die da arbeiten im Wort und in der Lehre; denn es spricht die Schrift: Du sollst dem

Ochsen, der da drischet, das Maul nicht verbinden. Und ein Arbeiter ist seines Lohnes werth. 1 Tim. 5, 18.

Wir bitten euch, lieben Brüder! daß ihr erkennet, die an euch arbeiten, und euch vorstehen in dem Herrn, und euch ermahnen. Habt sie desto lieber um ihres Werkes willen und seid friedsam mit ihnen. 1 Thess. 5, 12. 13.

Gehorchet euren Lehrern und folget ihnen; denn sie wachen über eure Seelen, als die da Rechenschaft dafür geben sollen, auf daß sie das mit Freuden thun, und nicht mit Seufzen, denn das ist euch nicht gut. Hebr. 13, 17.

Von weltlicher Obrigkeit.

Jedermann sei unterthan der Obrigkeit, die Gewalt über ihn hat. Denn es ist keine Obrigkeit ohne von Gott. Wo aber Obrigkeit ist, die ist von Gott geordnet. Wer sich nun wider die Obrigkeit setzet, der widerstrebet Gottes Ordnung; die aber widerstreben, werden über sich ein Urtheil empfahen. Denn sie trägt das Schwerdt nicht umsonst. Sie ist Gottes Dienerin, eine Rächerin zur Strafe über den, der Böses thut. Zu den Römern im 13., V. 1. 2. 4.

Von den Unterthanen.

Gebet dem Kaiser, was des Kaisers ist, und Gott, was Gottes ist. Matth. 22, 21.

So seid nun aus Noth unterthan, nicht allein um der Strafe willen, sondern auch um des Gewissens willen. Derohalben müsset ihr auch Schoß geben; denn sie sind Gottes Diener, die solchen Schutz sollen handhaben. So gebet nun Jedermann, was ihr schuldig seid; Schoß, dem der Schoß gebühret, Zoll, dem der Zoll gebühret, Furcht, dem die Furcht gebühret, Ehre, dem die Ehre gebühret Röm. 13, 5.

So ermahne ich nun, daß man vor allen Dingen zuerst thue Bitte, Gebet, Fürbitte und Danksagung für alle Menschen, für die Könige und für alle Obrigkeit, auf daß wir ein geruhiges und stilles Leben führen mögen, in aller Gottseligkeit und Ehrbarkeit, denn solches ist gut, dazu auch angenehm vor Gott und unserem Heiland. 1 Tim. 2, 1—3.

Erinnere sie, daß sie den Fürsten und der Obrigkeit unterthan und gehorsam seien. Tit. 3, 1.

Seid unterthan aller menschlichen Ordnung um des Herrn willen, es sei dem König, als dem Obersten, oder den Hauptleuten, als den Gesandten von ihm, zur Rache über die Uebelthäter, und zu Lobe den Frommen. 1 Pet. 2, 13.

Den Ehemännern.

Ihr Männer, wohnet bei euren Weibern mit Vernunft, und gebet dem weiblichen, als dem schwächsten Werkzeuge, seine Ehre, als auch Miterben der Gnade des Lebens, auf daß euer Gebet nicht verhindert werde, 1 Pet. 3, 7., und seid nicht bitter gegen sie. Col. 3, 19.

Den Eheweibern.

Die Weiber seien unterthan ihren Männern, als dem Herrn, wie Sara Abraham gehorsam war, und hieß ihn: „Herr," welcher Töchter ihr worden seid, so ihr wohl thut, und nicht so schüchtern seid. 1 Pet. 3, 1. 6.

Den Aeltern.

Ihr Väter! reizet eure Kinder nicht zum Zorn, daß sie nicht scheu werden, sondern ziehet sie auf in der Zucht und Vermahnung zum Herrn. Ephes. 6, 4. Col. 3, 21.

8*

Den Kindern.

Ihr Kinder! seid gehorsam euren Aeltern in dem Herrn, denn das ist billig. Ehre Vater und Mutter: Das ist das erste Gebot, das Verheißung hat, nämlich, daß dir's wohl gehe und du lange lebest auf Erden. Ephes. 6, 12.

Den Knechten, Mägden, Taglöhnern und Arbeitern.

Ihr Knechte! seid unterthan euren leiblichen Herrn, mit Furcht und Zittern, in Einfältigkeit eures Herzens, als Christo; nicht mit Dienst allein vor Augen, als den Menschen zu gefallen, sondern als die Knechte Christi, daß ihr solchen Willen Gottes thut von Herzen, mit gutem Willen. Lasset euch dünken, daß ihr dem Herrn dienet, und nicht den Menschen, und wisset, was ein Jeglicher Gutes thun wird, das wird er von dem Herrn empfahen, er sei ein Knecht oder Freier. Eph. 6, 5. 6.

Den Hausherren und Hausfrauen.

Ihr Herren! thut auch dasselbige gegen ihnen, und lasset euer Dräuen, und wisset, daß auch euer Herr im Himmel ist, und ist bei ihm kein Ansehen der Person. Eph. 6, 9.

Der gemeinen Jugend.

Ihr Jungen! seid unterthan den Aeltesten, und haltet fest an der Demuth; denn Gott widerstehet den Hoffärtigen; aber den Demüthigen gibt Er Gnade. So demüthiget euch nun unter die gewaltige Hand Gottes, daß Er euch erhöhe zu seiner Zeit. 1 Pet. 5, 6.

Den Wittwen.

Das ist eine rechte Wittwe, die einsam ist, die ihre Hoffnung auf Gott stellet und bleibet am Gebet Tag und Nacht;

welche aber in Wollüsten lebet, die ist lebendig todt. 1 Tim.
5, 6. 7

Der Gemeinde.

Liebe deinen Nächsten als dich selbst, in dem Wort sind
alle Gebote verfasset. Röm. 13, 9. Und haltet an mit
Beten für alle Menschen. 1 Tim. 2, 1.

Ein Jeder lerne sein' Lection,
So wird es wohl im Hause stehn.

Christliche Fragestücke.

Durch Doktor Martin Lutherum gestellet für die, so zum Sakrament gehen wollen, mit ihren Antworten.

Nach gethaner Beicht und Unterricht von den zehn Geboten, Glauben, Vater Unser, von den Werken der Taufe
und Sakrament, so mag der Beichtvater oder einer sich selbst
fragen:

1. Glaubest du, daß du ein Sünder seiest?

Antw. Ja, ich glaube es, ich bin ein Sünder.

2. Wie weißt du das?

Antw. Aus den zehn Geboten, die habe ich nicht gehalten.

3. Sind dir deine Sünden auch leid?

Antw. Ja, es ist mir leid, daß ich wider Gott gesündiget
habe.

4. Was hast du mit deinen Sünden bei Gott verdient?

Antw. Seinen Zorn und Ungnade, zeitlichen Tod und
ewige Verdammniß. Röm. 6, 21. 23.

5. Hoffest du auch, selig zu werden?

Antw. Ja, ich hoffe es.

6. Weß tröstest du dich denn?

Antw. Meines lieben Herrn Jesu Christi.

7. Wer ist Christus?

Antw. Gottes Sohn, wahrer Gott und Mensch.

8. Wie viel sind Götter?

Antw. Nur Einer; aber drei Personen: Vater, Sohn und Heiliger Geist.

9. Was hat denn Christus für dich gethan, daß du dich seiner tröstest?

Antw. Er ist für mich gestorben und hat sein Blut am Kreuz für mich vergossen zur Vergebung der Sünden.

10. Ist der Vater auch für dich gestorben?

Antw. Nein; denn der Vater ist nur Gott; der Heilige Geist auch; aber der Sohn ist wahrer Gott und wahrer Mensch, für mich gestorben und hat sein Blut für mich ver= gossen.

11. Wie weißt du das?

Antw. Aus dem heiligen Evangelio und aus den Worten vom Sakrament, und bei seinem Leib und Blut, im Sakra= ment mir zum Pfande gegeben.

12. Wie lauten die Worte?

Antw. Unser Herr Jesus Christus in der Nacht, da er verrathen ward, nahm er das Brod, dankte und brach's, und gab's seinen Jüngern und sprach: „Nehmet hin und esset, das ist mein Leib, der für euch gegeben wird; solches thut zu meinem Gedächtniß.“ Desselbigen gleichen nahm er auch den Kelch nach dem Abendmahl, dankte und gab ihnen den und sprach: „Nehmet hin und trinket Alle daraus; dieser Kelch ist das Neue Testament in meinem Blut, das für euch vergossen wird zur Vergebung der Sünden. Sol= ches thut, so oft ihr's trinket, zu meinem Gedächtniß.“

13. So glaubest du, daß im Sakrament der wahre Leib und Blut Christi sei?

Antw. Ja, ich glaube es.

14. Was bewegt dich, das zu glauben?

Antw. Das Wort Christi: „Nehmet hin und esset, das ist mein Leib. Trinket Alle daraus, das ist mein Blut."

15. Was sollen wir thun, wenn wir seinen Leib essen, und sein Blut trinken, und das Pfand also nehmen?

Antw. Seinen Tod und Blutvergießen verkündigen, und gedenken, wie er uns gelehret hat: „Solches thut, so oft ihr's thut, zu meinem Gedächtniß."

16. Warum sollen wir seines Todes gedenken, und denselben verkündigen?

Antw. Daß wir lernen glauben, daß keine Kreatur hat können genug thun für unsere Sünden, denn Christus, wahrer Gott und Mensch, und daß wir lernen erschrecken vor unsern Sünden, und dieselben lernen groß achten, und uns sein allein freuen und trösten, und also durch denselben Glauben selig werden.

17. Was hat ihn denn bewegt, für deine Sünden zu sterben und genug zu thun?

Antw. Die große Liebe zu seinem Vater, zu mir und andern Sündern, wie geschrieben stehet Joh. 14. Röm. 5. Gal. 2. Ephes. 5.

18. Endlich: Warum willst du zum Sakrament gehen?

Antw. Auf daß ich lerne glauben, daß Christus um meiner Sünde willen, aus großer Liebe, gestorben sei, wie gesagt, und darnach von ihm auch lerne Gott und meinen Nächsten lieben.

19. Was soll einen Christen vermahnen und reizen, das
Sakrament des Altars oft zu empfahen?

Antw. Von Gottes wegen soll ihn beide, des Herrn
Christi Gebot und Verheißung, darnach auch seine eigene
Noth, so ihm auf dem Halse lieget, treiben, um welcher
willen solch Gebieten, Locken und Verheißung geschiehet.

20. Wie soll ihm aber ein Mensch thun, wenn er solche
Noth nicht fühlen kann, oder keinen Hunger noch Durst des
Sakraments empfindet?

Antw. Dem kann nicht besser gerathen werden, denn daß
er erstlich in seinen Busen greife und fühle, ob er auch noch
Fleisch und Blut habe, und glaube doch der Schrift, was sie
davon sagt zu den Gal. 5. und Röm. 7.

Zum Andern, daß er um sich sehe, ob er auch noch in der
Welt sei, und denke, daß es an Sünden und Noth nicht
fehlen werde, wie die Schrift saget Joh. 15. und 16.
1 Joh. 2 und 5.

Zum Dritten, so wird er ja auch den Teufel um sich
haben, der ihm mit Lügen und Morden Tag und Nacht
keinen Frieden innerlich und äußerlich lassen wird, wie ihn
die Schrift abmalet Joh. 8. und 16. 1 Petri 5. Eph. 6.
2 Tim. 2.

Nota:

Diese Fragestücke und Antworten sind nicht Kinderspiel,
sondern von dem ehrwürdigen und frommen Doktor Luther
für die Jungen und Alten aus einem großen Ernst vorgeschrieben. Ein Jeder sehe sich wohl für, und lasse es ihm
auch ein Ernst sein; denn St. Paulus zu den Gal. am 6.
spricht: „Irret euch nicht; Gott läßt sich nicht spotten!"

IV.

Kurze und leichtfaßliche

Erklärung des kleinen Katechismus

von Dr. Martin Luther, durch fernere
Fragen und Antworten.

Von dem Katechismus insgemein.

1. Was ist der Katechismus?

Der Katechismus ist ein Unterricht über die nöthigsten
Stücke und Artikel christlicher Lehre in Fragen und Antworten, kurz und einfältig gestellet.

2. Wie kann man den Katechismus auch sonst noch nennen?

Eine Kinderlehre, weil der Katechismus von Kindheit an
soll gelernet und bis an's Ende getrieben werden.

3. Woraus ist der Katechismus genommen?

Aus der heiligen Schrift; denn in Glaubenssachen ist
Nichts anzunehmen, als was in der heiligen Schrift Grund
hat.

4. Welchen besondern Beinamen hat unser Katechismus?

Der Lutherische Katechismus.

5. Warum wird unser Katechismus der Lutherische genannt?

Weil der gottselige Doktor Martin Luther denselben ver-
faßt hat, und weil es auch einen katholischen, reformirten,
methodistischen und andere Katechismen gibt.

6. Was haben wir dem frommen Manne Gottes, Martin Luther, zu verdanken?

Die Reformation oder Verbesserung der christlichen Kirche, welche in große Irrlehren, Unglauben und Aberglauben versunken war.

7. In welchem Jahr verfaßte Luther den Katechismus?

Im Jahre fünfzehnhundert und neunundzwanzig

8. Wie viele Hauptstücke sind im Katechismus?

Fünf Hauptstücke, und das Amt der Schlüssel und die Beichte, welche zwei letztern Stücke man als das sechste Hauptstück betrachten könnte.

9. Nenne mir die Hauptstücke der christlichen Lehre.

1. Die zehn Gebote. 2. Der christliche Glaube. 3. Das Gebet des Herrn oder Vater Unser. 4. Das Sakrament der heiligen Taufe. 5. Das Sakrament des Altars oder das heilige Abendmahl, und dann das Amt der Schlüssel und die Beichte.

10. Worin besteht der rechte Gebrauch des Katechismus?

Daß wir erkennen lernen, wie wir beschaffen sind, und wie wir mit dem Herrn, unserem Gott, stehen; daß wir aber auch erkennen lernen, wer der Herr, unser Gott, sei, und wie wir mit ihm versöhnt und vereinigt werden können.

Vom ersten Hauptstück des Katechismi.

Die zehn Gebote.

11. Wie soll ein Christ sein Leben führen?

Nicht nach seinem eigenen Willen und Gutdünken, auch nicht nach den sündlichen Gewohnheiten der Welt, sondern nach dem Willen und Geboten Gottes.

12. Wie hat uns Gott Seinen Willen und Seine Gebote ge-
offenbart?

Theils durch das auch nach dem Sündenfall noch übrige
Gewissen; theils durch sein Wort, wie solches in die heilige
Schrift verfasset ist.

13. Wie mancherlei Gebote und Gesetze hat Gott in Seinem
Wort vorgelegt?

Es sind entweder Kirchengesetze, nach welchem Gott von
Seinem Volk Israel verehrt sein wollte, oder bürgerliche
Gesetze, nach welchen das Volk Israel in dem Lande seines
Erbtheils regiert werden sollte, oder es ist das allgemeine,
immerwährende Sitten- und Zuchtgesetz, nach welchem sich
alle Menschen zu allen Zeiten und an allen Orten zu richten
haben. Joh. 4, 20—22. 3 Mos. 20—22. Hebr. 5, 4.
Kolosser 2, 16. 17. Matth. 5, 17—19.

14. Wo ist das allgemeine Sittengesetz kurz zusammengefaßt?

In den zehn Geboten, welche schon bei Mose den Namen
der 10 Worte tragen, und von Christo und den Aposteln
wiederholt worden sind.

15. Wo stehen die zehn Gebote der Reihe nach aufgezeichnet?

Im zweiten Buch Mose im zwanzigsten Kapitel.

16. Wann hat Gott die zehn Gebote gegeben?

Am fünfzigsten Tag nach dem Auszug der Kinder Israel
aus Aegypten. 2 Mos. 20.

17. Wo sind die zehn Gebote gegeben worden?

Gott hat sie gegeben in der arabischen Wüste auf dem
Berg Sinai in Asien.

18. Wie sind die zehn Gebote gegeben worden?

Gott hat sie gegeben mit großer Herrlichkeit, Ernst und
Eifer, unter großem Donner und Blitzen. 2 Mos. 19, 18

9

19. Durch wen hat Gott die zehn Gebote gegeben?

Gott hat sie durch seinen Knecht Mose dem Volk Israel gegeben.

20. Was ist der kurze Inhalt dieser zehn Gebote?

Es wird darinnen erfordert die Liebe Gottes und des Nächsten. Matth. 22, 37—40.

21. Was ist bei einem jeden Gebot in Acht zu nehmen?

Zweierlei: Für's Erste, die Sünde und das Böse, so darinnen verboten; für's Zweite, die Tugend und das Gute, so darinnen geboten.

Das erste Gebot.

22. Wie heißt das erste Gebot?

Ich bin der Herr, dein Gott, du sollst nicht andere Götter haben neben mir.

23. Was ist das?

Wir sollen Gott über alle Dinge fürchten, lieben und vertrauen. Ps. 111, 10. — Pred. Sal. 12, 13.

24. Wer ist der Herr, der die zehn Gebote gegeben und sie gehalten haben will?

Es ist der Herr, unser Gott, Vater, Sohn und Heiliger Geist; unser Schöpfer, Erlöser und Heiligmacher, unser höchstes, ja einiges Gut.

25. Sind denn neben unserem Gott auch noch andere Götter?

Nein, sondern die Menschen haben allerlei falsche Götzen erdichtet und solche an die Stelle des einen wahren Gottes gesetzt, oder sie außer Ihm noch geliebt und verehrt.

26. Was aber ist im ersten Gebot verboten?

Die Abgötterei; denn Gott sagt: „Du sollst nicht andere Götter haben neben Mir!"

27. Wie mancherlei ist die Abgötterei?

Abgötterei ist: Erstens, wenn man die Dinge in der Schöpfung, als Sonne, Mond und Sterne, oder auch Thiere, als Götter verehrt, oder wenn man den Engeln und verstorbenen Heiligen göttliche Ehre erweist und nicht bei dem wahren Gott allein Hilfe sucht. Zweitens, wenn man Gott sich anders einbildet und Ihm dienet, als Er in Seinem Wort befohlen hat. Drittens, wenn man die Menschen und andere Kreaturen zu sehr liebt, fürchtet und ehrt, und zu viel Vertrauen auf sie setzt, oder wenn der Mensch sich auf seine eigene Weisheit und Stärke verläßt und hochmüthig ist, oder wenn er irdische Güter so hoch schätzt, wie Gott, oder diese Güter sogar höher achtet und mehr liebt, als den lieben Gott. Matth. 4, 10. — Offb. 19, 10. — 1 Sam. 28, 7. — Matth. 15, 9. — Jer. 17, 5. — Jes. 10, 13. — Hiob 31, 24. — Kol. 3, 5. — Philipp. 3, 19.

28. Was wird also im ersten Gebot verboten?

Daß wir die Geschöpfe nicht göttlich verehren, auch unsere Zuflucht nicht zu ihnen nehmen oder irgend auf eine Weise unser Vertrauen auf dieselben setzen sollen.

29. Was wird dagegen in diesem Gebot geboten?

Daß wir Gott über Alles lieben, fürchten und ehren, Ihm so dienen und Ihn so erkennen, wie Er sich in Seinem Wort uns geoffenbaret hat, und von Ihm allein alles Gute zu jeder Zeit und in allen Umständen erwarten. Joh. 17, 3. — Ps. 73, 25. 26. — Sprw. 3, 5. — Ps. 118, 8. 9.

30. Warum sagst du die Gebote nicht alle so her, wie sie im zweiten Buch Mose im zwanzigsten Kapitel geschrieben stehen?

Weil Einiges in den zehn Geboten ist, das bloß die Juden anging und die Menschen nicht im Allgemeinen verpflichtet.

31. Was ging zum Beispiel bloß die Juden an?

Die Worte: „Der ich dich aus Egyptenland, aus dem Diensthaus, geführt habe."

32. Was hat Luther weiter ausgelassen?

Die Worte: „Du sollst dir kein Bildniß noch irgend ein Gleichniß machen, weder deß, das oben im Himmel, noch deß, das unten auf Erden, oder deß, das im Wasser unter der Erde ist. Bete sie nicht an und diene ihnen nicht." 2 Mos. 20, 4. 5.

33. Warum wurde dies weggelassen?

Weil das Gebot, die Bilder nicht anzubeten und zu verehren, schon in den Worten enthalten ist: „Du sollst keine andere Götter haben neben Mir."

34. In welcher Kirche hat man eine andere Eintheilung der Gebote, als wir haben?

In der reformirten Kirche und in mehreren andern kirchlichen Gemeinschaften.

35. Wie theilen diese ein?

Sie nennen das Gebot von den Bildern das zweite Gebot.

36. Haben denn Diejenigen, die so eintheilen, nicht Recht?

Welches das erste, zweite oder dritte Gebot sei, hat weder Gott noch Mose angezeigt; wir wissen nur, daß ihrer zehn sind.

37. Wie haben wir also das Gebot von den Bildern anzusehen?

Als einen Anhang oder Auslegung des ersten Gebots, womit Gott zeigen will, daß auch der Bilderdienst Abgötterei sei.

38. Wie beweisest du diese Behauptung?

„Andere Götter," außer dem lebendigen Gott, werden

überhaupt im ersten Gebot verboten. Da nun aber Schnitz=
werke und Bilder, welche zum Gottesdienst gemacht werden,
nach der heiligen Schrift auch andere Götter sind, so werden
auch sie im ersten Gebot verboten.

39. Handelte Luther unrecht, daß er die zehn Gebote nicht wört=
lich so in den Katechismus aufnahm, wie sie im Mose sich finden?

Nein, durchaus nicht; denn im ganzen Neuen Testament
werden sie nirgends so wiederholt, daher Luther mit Recht
den Aposteln folgte.

40. Was ist von den Bildern im Allgemeinen zu halten?

Bildermachen zur Abgötterei, zum Anbeten und Ver=
ehren ist streng im ersten Gebot verboten; dagegen sind die=
jenigen Bilder erlaubt, welche zur Zierde, zum Gedächtniß,
zur Erbauung und zum Zeichen dienen.

Das zweite Gebot.

41. Welches ist das zweite Gebot?

Du sollst den Namen des Herrn, deines Gottes, nicht
unnützlich führen.

42. Was ist das?

Wir sollen Gott fürchten und lieben, daß wir bei seinem
Namen nicht fluchen, schwören, zaubern, lügen oder trügen,
sondern denselben in allen Nöthen anrufen, beten, loben und
danken.

43. Was heißt: Gottes Name?

Gottes Name heißet: Gott selbst, mit allen Seinen
Eigenschaften, Wort und Werken.
(Siehe die Erklärung der ersten Bitte im Gebet des Herrn.)

44. Was ist in diesem Gebot verboten?

Der unbedachtsame, freventliche, abergläubische, spöttische
und heuchlerische Mißbrauch des Namens Gottes.

9*

45. Wie wird Gottes Name unbedachtsam geführt?

Wenn man die Worte Herr, Gott, Jesus, Heiland, Sakrament und so weiter unnöthig und unnützlich aus bloßer Gewohnheit im Munde führt.

46. Wie wird Gottes Name freventlich geführet?

Wenn man denselben durch Gotteslästerung, Meineid, falsches und unnützes Schwören und ruchloses Fluchen entehrt und schändet. 3 Mos. 24, 6. — 3 Mos. 19, 12. — Matth. 5, 37. — Jak. 3, 9. 10.

47. Wie wird Gottes Name abergläubisch geführet?

Wenn man Gottes Namen, gewisse Worte heiliger Schrift, das Kreuz Christi und dergleichen zum Segensprechen und andern unnatürlichen Künsten mißbraucht. 5 Mos. 18, 9 ff.

48. Wie wird der Name Gottes spöttisch geführet?

Wenn man Gottes Wort und gewisse Reden der heiligen Schrift zum Gespött und Scherz verdreht und mißbraucht. Ephes. 4, 29. 30.

49. Wie wird der Name Gottes heuchlerisch geführet?

Wenn man Gottes Namen nur äußerlich bekennet, rühmt und anruft, ohne Andacht betet; zur Kirche, Beicht und Abendmahl gehet, und doch in Sünden fortfährt. Matth 15, 8. — Ps. 50, 16 ff. — Jak. 1, 22.

50. Was drohet Gott denen, die Seinen Namen mißbrauchen?

Er sagt: „Der Herr wird den nicht ungestraft lassen, der Seinen Namen mißbraucht. 3 Mos. 24, 15. 16. — 3 Mos 20, 6. — Sirach 23, 9-14.

51. Was ist hingegen im zweiten Gebot geboten?

Die Heiligung und der rechte Gebrauch des göttlichen Namens.

52. Was müssen wir thun, wenn wir Gottes Namen recht gebrauchen und führen wollen?

Wir müssen Gott aus Seinem Wort und Werken recht lernen erkennen, ernstlich zu Ihm beten, Ihn loben und Ihm danken; ferner müssen wir Ihn öffentlich bekennen, und bei dem Eidschwören vor der Obrigkeit stets die Wahrheit zu Gottes Ehre sagen, und einen rechtschaffenen, christlichen Wandel führen. Joh. 1, 17. 18. — Pf. 111, 2. 3. — Pf. 50, 15. — 1 Petri 3, 15. 16. — Pf. 50, 14. — 5 Mof. 10, 20. — Pf. 119, 139. — Matth. 5, 16.

53. Was verheißet Gott denen, die Seinen Namen recht gebrauchen?

Er verheißet ihnen Leben und Segen, zeitlich und ewig.

Das dritte Gebot.

54. Welches ist das dritte Gebot?

Du sollst den Feiertag heiligen.

55. Was ist das?

Wir sollen Gott fürchten und lieben, daß wir die Predigt und sein Wort nicht verachten, sondern dasselbe heilig halten, gerne hören und lernen.

56. Wovon handelt also das dritte Gebot?

Vom Sabbath oder Feiertag.

57. Auf welchen Tag in der Woche fällt der Sabbath?

Im Alten Testament war es der Samstag, im Neuen Testament dagegen ist es der Sonntag.

58. Warum ist im Alten Testament der Samstag oder der letzte Tag gefeiert worden?

Zum Gedächtniß der Schöpfung. 1 Mof. 2, 2. 3.

59. Warum wird im Neuen Testament der Sonntag als der erste Tag in der Woche gefeiert?

Zum Gedächtniß der Erlösung, weil Christus am Sonntag von den Todten auferstanden ist. Daher der Sonntag genannt wird: „des Herrn Tag" (Off. Joh. 1, 10.), und haben die ersten Christen an diesem Tag ihre Versammlungen und Gottesdienste gehalten, auch Almosen gesammelt. 1 Korinth. 16, 2. — Apgesch. 20, 7.

60. Warum wird's der Feiertag oder Sabbath genannt?

Weil man daran feiern und von der Arbeit ruhen soll, denn das hebräische Wort Sabbath heißt so viel als: Ruhe.

61. Von was für Arbeit soll man am Sonntag ruhen?

Von gewöhnlichen, werktäglichen Arbeiten, dadurch die Heiligung des Sonntags verhindert wird. 2 Mof. 20, 9. 10. — 3 Mof. 26, 2.

62. Was für Werke sind am Sonntag erlaubt?

Die geistlichen Amtswerke, die Nothwerke und die Liebeswerke. Matth. 12, 5. — Luk. 14, 5. — Mark. 3, 2 ff. — Luk. 6, 9. — Joh. 5, 5–17. — Joh. 9, 14.

63. Was ist in diesem Gebot geboten?

Die Heiligung des Sabbaths. 2 Mof. 20, 8.

64. Was heißt den Sabbath oder den Sonntag heiligen?

Es heißt denselben zur Ruhe vom Irdischen, zur Beschäftigung mit geistlichen und himmlischen Dingen, und zum öffentlichen und Hausgottesdienst aussondern und anwenden.

65. Wo soll also der Gottesdienst verrichtet werden?

In der Kirche und außer der Kirche.

66. Wie soll der Sonntag in der Kirche geheiliget werden

Man soll den Sonntag heiligen:

1. Durch fleißigen Besuch des Hauses Gottes und andächtiges Abwarten des öffentlichen Gottesdienstes,
2. Durch aufmerksame Anhörung und begierige Annahme des göttlichen Wortes,
3. Durch bußfertige Begehung des heiligen Abendmahls,
4. Durch eifriges Beten, Singen, Danken und Loben,
5. Ueberhaupt durch öffentliche Anbetung und Verehrung Gottes. Hebr. 10, 25. — Pred. 4, 17. — Apgesch. 16, 14. — 1 Kor. 11, 20 ff. — Apgesch. 1, 13. 14.

67. Wie soll der Sonntag außer der Kirche geheiliget werden?

Man soll zwar alle Tage, aber besonders am Sonntag, den Gottesdienst auch außer der Kirche verrichten:
1. Durch weitere Betrachtung, Erforschung, Prüfung, Bewahrung und Ausübung des gehörten Wortes,
2. Durch Lesen der Bibel,
3. Durch Gebet und Gesang,
4. Durch ernstliche Gewissensprüfung,
5. Durch gottselige Gespräche,
6. Durch Besuchung der Kranken,
7. Durch christliche Guttätigkeit gegen Wittwen, Waisen und andere nothleidende Personen. 5 Mos. 6, 6. 7. — Luk. 8, 15. — Jak. 1, 22. — Joh. 5, 39. — Apgesch. 1, 14. — Klagl. Jer. 3, 40. — Kol. 3, 16. 17. — Matth. 25, 36. 39. — Jak. 1, 27.

68. Was verheißt Gott denen, die den Sabbath oder Feiertag heiligen?

Gott verheißt ihnen leiblichen, geistlichen und ewigen Segen. Jes. 56, 2. — Jes. 58, 13. 14. — Jer. 17, 24–26.

69. Was ist von andern Festen und Feiertagen zu halten?

Dieselbigen sind von der christlichen Kirche zu mehrerer

Erbauung gestiftet, und ein wahres Glied der Kirche feiert sie auch gebührlich. 1 Kor. 14, 33. — 1 Kor. 14, 40.

(Bei dieser Gelegenheit mag der Catechet die christlichen Feste und Feiertage von den Kindern aufzählen lassen, und die Bedeutung derselben kurz erklären.)

70. Was ist hingegen im dritten Gebot verboten?

Die Entheiligung des Sabbaths oder Sonntags.

71. Wodurch wird denn der Sonntag entheiligt?

1. Durch Sünden, welche insonderheit an Sonn- und Feiertagen begangen werden, als da sind: Müssiggang, unnütze Geschwätze, Hoffahrt, Spielen, Unmäßigkeit, Unzucht; ferner durch Versäumung oder doch unandächtige und leichtsinnige Behandlung des Gottesdienstes, durch Unlust zum Wort Gottes, zum Gebet und andern heiligen Uebungen.

2. Durch werktägliche Geschäfte, die sich doch wohl aufschieben lassen und ein Hinderniß an der Sonntagsfeier sind, zum Beispiel, unnöthiges Reisen, Arbeiten auf dem Felde, und dergleichen.

3. Durch fleischliche Lustbarkeiten, wodurch nicht nur die Herrschaften, sondern auch die Dienstboten und Unterthanen von dem Gottesdienst und der Sorge für ihre Seele abgehalten werden.

72. Was drohet Gott denen, die den Sonntag entheiligen?

Den leiblichen, geistlichen und ewigen Fluch. 2 Mos. 31, 14. — Jer. 17, 27.

Von den Geboten, welche die Pflichten gegen den Nächsten enthalten.

73. Welches ist die Summe der sieben letzten Gebote?

Die Liebe des Nächsten, wie der Herr Jesus selbst sagt: „Das andere Gebot ist dem gleich: Du sollst deinen Nächsten lieben als dich selbst." Matth. 22, 39.

74. Wer ist unser Nächster?

Ein jeder Mensch, sonderlich wer unserer Hilfe zuerst bedarf, wie der Herr Jesus uns im Gleichniß vom barmherzigen Samariter lehret. Luc. 10, 36. 37.

Das vierte Gebot.

75. Welches ist das vierte Gebot?

Du sollst deinen Vater und deine Mutter ehren, auf daß dir's wohl gehe und du lange lebest auf Erden.

76. Was ist das?

Wir sollen Gott fürchten und lieben, daß wir unsere Eltern und Herren nicht verachten, noch erzürnen, sondern sie in Ehren halten, ihnen dienen, gehorchen, sie lieb und werth halten.

77. Wovon handelt also das vierte Gebot?

Wie sich Eltern und Kinder gegen einander verhalten sollen.

78. Wer sind nach dem vierten Gebot Vater und Mutter?

Vater und Mutter heißen nicht allein die leiblichen Eltern und Großeltern, sondern auch Stief-, Pfleg- und Schwiegereltern, Verwandte, ältere Geschwister, Freunde und Wohlthäter, alte Leute und alle Vorgesetzten im geistlichen und weltlichen Stand. 1 Mof. 28, 13. — Lucä 2, 48. — Joh. 19, 26. 27. — 1 Sam. 24, 12. — 1 Mof. 43, 29. — Hiob 29, 16. — 1 Tim. 5, 1. — 1 Mof. 41, 43. — Richt. 17, 10. — 2 Mof. 12. 3.

79. Was ist den Eltern und andern Vorgesetzten im vierten Gebot befohlen?

Sie sollen ihre Kinder und Untergebenen lieben, für ihr leibliches und geistliches Wohl sorgen, sie zur Kirche und Schule, sowie zur Arbeit anhalten, fleißig für sie und mit ihnen beten, sie durch Güte und Ernst zum Guten bewegen, und ihnen ein gutes Beispiel geben.

80. Wie wird den Eltern und andern Vorgesetzten ihr Gehorsam gegen das vierte Gebot belohnt?

Gott belohnet den Eltern denselben mit Ehre und Freude, mit Leben und Segen, zeitlich und ewig. 1 Sam. 2, 30. — 1 Chron. 30, 28. — Pf. 128, 3

81. Wie wird aber der Eltern und anderer Vorgesetzten Ungehorsam gegen das vierte Gebot gestraft?

Mit Schande, Betrübniß, Fluch und Untergang. 1 Sam. 2, 31. — 3, 11. — Jef. 10, 1. 2. — Zach. 11, 17.

82. Was ist aber den Kindern und Untergebenen im vierten Gebot geboten?

Sie sollen die Eltern und Vorgesetzten ehren.

83. Wie soll man die Eltern und Vorgesetzten ehren?

Man soll die Eltern und Vorgesetzten im Herzen hoch, lieb und werth halten, sie nicht grob und unhöflich behandeln, sondern demüthig, freundlich, liebreich und gehorsam gegen sie sein, und ihnen für ihre Liebe und Sorgfalt herzlich danken. Sir. 3, 8-10. — 1 Kön. 2, 19. — Ephes. 6, 1 — Kol. 3, 20. — Hiob 29, 8.

84. Wie lange sollen die Kinder ihre Eltern ehren?

So lange sie leben, und so lange die Eltern nichts Unrechtes von den Kindern verlangen, das wider Gott und das Gewissen wäre.

85. Was verheißt Gott denen, welche ihre Eltern und Vorgesetzten gebührend ehren?

Leben und Segen; denn Er spricht: „Auf daß dir's wohl gehe und du lange lebest auf Erden."

86. Was ist hingegen den Kindern und Untergebenen im vierten Gebot verboten?

Die Vermehrung, Verachtung, Untreue, Ungehorsam, und Undank gegen die Eltern. Spr. Sal. 23, 22. — Jer. 44, 16. — 2 Sam. 15, 3. 7. — 2 Kön. 5, 20.

87. Was drohet Gott denen, die ihre Eltern und Vorgesetzten also verunehren?

Zeitliche und ewige Strafe, Fluch und Verderben. Spr. 30, 17. — 5 Mos. 27, 16. — Röm. 13, 2. — Spr. 24, 20-22.

Das fünfte Gebot.

88. Welches ist das fünfte Gebot?

Du sollst nicht tödten.

89. Was ist das?

Wir sollen Gott fürchten und lieben, daß wir unserem Nächsten an seinem Leibe keinen Schaden noch Leid thun, sondern ihm helfen und fördern in allen Leibesnöthen.

90. Was ist im fünften Gebot verboten?

Der Selbstmord und des Nächsten Mord; wir sollen also weder uns selbst, noch Andere um's Leben bringen.

91. Wie geschieht der Selbstmord?

Wenn sich der Mensch selbst vorsätzlich das Leben nimmt, oder es sich durch Fressen, Saufen, Unkeuschheit, Zorn, Neid, Geiz verkürzt, sowie auch durch Sorgen, Gram, Vermessenheit, zu harte Arbeit und dergleichen einen frühen Tod sich herbeizieht. 1 Sam. 31, 4.—2 Sam. 17, 23.—Spr. 23, 29. — Sir. 19, 3. — Spr. 14, 30. — Sir. 3, 17.

92. Auf wie vielerlei Weise geschiehet ein Mord am Nächsten?

Mit der That, mit Geberden, mit Worten und mit dem Herzen.

93. Wie wird ein Mord mit der That begangen?

Wenn man selbst oder durch Andere einen Menschen er-
mordet, vergiftet, verwundet, kränkt, quält, verwahrloset,
ihm an seiner Gesundheit schadet, das Leben verkürzt, ihn
vor der Gefahr nicht warnet oder in derselben umkommen
läßt. 1 Mos. 4, 8. — 2 Sam. 11, 15. — Lucä 10, 31. 32.

94. Wie geschieht der Mord mit dem Herzen?

Durch Zorn, Haß, Neid, Unversöhnlichkeit, Rachbegierde,
Unbarmherzigkeit und Grausamkeit. Matth. 5, 22 ff. —
1 Joh. 3, 15. — Jak. 3, 14–16.

95. Wie geschieht der Todtschlag mit Worten?

Durch Drohen und Böses anwünschen, durch Hadern,
Zanken, Schelten und Verrathen. Ps. 57, 5.

96. Wie geschieht der Todtschlag mit Geberden?

Wenn man den Zorn und Grimm durch Verstellung des
Angesichts blicken läßt. 1 Mos. 4, 5. — 1 Sam. 18, 9. —
Hiob 16, 8–10. — Ps. 37, 12. — Dan. 3, 19.

97. Kann man den Nächsten auch an der Seele tödten?

Ja freilich, wenn man ihn nicht warnet, wo man Amts-
und Gewissens halber verbunden ist, solches zu thun, oder
wenn man ihn durch falsche Lehre verführt oder ärgert.
Hes. 3, 18. — Matth. 23, 15 ff. — Matth. 18, 6. —
Jak. 5, 19. 20.

98. Was drohet Gott den Todtschlägern?

Die Leibes- und Lebensstrafe, auch ewige Verdammniß.
1 Mos. 9, 6. — 1 Joh. 3, 15.

99. Was ist hingegen im fünften Gebot geboten?

Herzliche Liebe zu dem Nächsten, Mitleiden, Friede,
Sanftmuth, Freundlichkeit, Versöhnlichkeit, Rath und Hilfe
in allen Nöthen, überhaupt die Sorge für seine Gesundheit,

Leib und Leben, und Rettung seiner Seele, sowie auch die Erhaltung und Sorge für unsern eigenen Leib und unsere eigene Seele.

100. Was verheißet Gott denen, die sich also liebreich gegen den Nächsten verhalten?

Er verheißt ihnen zeitliches und ewiges Wohlergehen, Heil, Glück und Segen. Psalm 133.

Das sechste Gebot.

101. Welches ist das sechste Gebot?

Du sollst nicht ehebrechen.

102. Was ist das?

Wir sollen Gott fürchten und lieben, daß wir keusch und züchtig leben in Worten und Werken, und ein Jeglicher sein Gemahl liebe und ehre.

103. Wovon handelt also das sechste Gebot?

Wie wir uns in und außer der Ehe gegen unser eigenes und des Nächsten Ehegemahl verhalten sollen.

104. Was wird im sechsten Gebot verboten?

Der Ehebruch und alle Unreinigkeit.

105. Was ist die Ehe?

Die Ehe ist eine von Gott selbst eingesetzte, rechtmäßige und unauflösliche Verbindung eines Mannes und eines Weibes zur Vermehrung des menschlichen Geschlechts, Vermeidung der Unzucht, und zur Hilfeleistung im ganzen Leben. Matth. 19, 4-6. — Mal. 2, 14. — 1 Tim. 3, 12. — 1 Mos. 1, 28. — 1 Kor. 7, 2. 9, — 1 Mos. 2, 18.

106. Wie soll die Ehe angefangen werden?

Mit herzlicher Anrufung Gottes, mit freiem Willen beider Personen, die sich ehelich verbinden wollen, mit Rath und Bewilligung der Eltern oder derer, die an ihrer Statt

sind; im Beisein zweier oder dreier Zeugen und vor dem
Angesicht der christlichen Kirche. 1 Mos. 24, 12-14. —
24, 57. 58. — Richter 14, 2. — Ruth 4, 2-11.

107. Was ist der Ehebruch?

Der Ehebruch ist die Verletzung der ehelichen Treue und
die fleischliche Vermischung eines Ehemannes oder Eheweibes
mit einer fremden Person, mag diese verehelicht oder verlobt
oder ledig oder in dem Wittwenstand sein.

108. Was ist außer dem Ehebruch im sechsten Gebot verboten?

Alle unreinen Gedanken und Begierden des Herzens,
unzüchtige Worte, Blicke und Werke, unzüchtige Kleider und
Bücher, schlüpfrige Bilder und Gemälde, und Alles, was
zur Unzucht Reiz, Zunder und Gelegenheit gibt, wozu besonders auch der Umgang mit unreinen, unzüchtigen Menschen, sowie das Fressen und Saufen gehört.

109. Was für Strafen drohet Gott den Hurern und Ehe-brechern?

Gott straft sie an Leib und Seele, Gut und Ehre, zeitlich
und ewig, sammt ihren Kindern und Nachkommen. Hebr.
13, 4. — 5 Mos. 22, 22. — Spr. 5, 10. — Spr. 6,
32. 33. — 1 Kor. 6, 9. — Weish. 3, 16. 17.

110. Was ist hingegen im sechsten Gebot geboten?

Die Keuschheit in und außer der Ehe, Zucht und Scham-
haftigkeit in Geberden, Worten und Werken, fleißiges Beten
und Andenken an den allgegenwärtigen Gott, Vermeidung
aller Gelegenheit und Reizung zur Unzucht, sowie die ernstliche Bekämpfung aller unreinen Begierden.

111. Wie wird die Zucht und Keuschheit belohnt?

Gott belohnt sie aus Gnaden mit zeitlicher und ewiger
Wohlfahrt. Matth. 5, 8. — 1 Mos. 39, 10. 21. 22. 23.

Das siebente Gebot.

112. Welches ist das siebente Gebot?

Du sollst nicht stehlen.

113. Was ist das?

Wir sollen Gott fürchten und lieben, daß wir unserem Nächsten sein Geld oder Gut nicht nehmen, noch mit falscher Waare oder Handel an uns bringen, sondern ihm sein Gut und Nahrung helfen bessern und behüten.

114. Wovon handelt also das siebente Gebot?

Wie wir uns in Hinsicht der zeitlichen Güter zu verhalten haben.

115. Was ist im siebenten Gebot verboten?

Das Stehlen oder der Diebstahl.

(Was heißt stehlen?

Was heißt rauben?

Was heißt betrügen?)

116. Wie wird der Diebstahl von Gott bestraft?

Gott strafet die Diebe an Ehre und Gut, zeitlich und ewig.

117. Wie lautet die göttliche Drohung an die Diebe?

„Noch die Diebe, noch die Räuber werden das Reich Gottes ererben." 1 Kor. 6, 10.

118. Was sollen die thun, die fremdes Gut mit Unrecht an sich gebracht haben?

Sie sollen Buße thun und das gestohlene Gut seinem Herrn oder den Seinigen wieder zurückgeben, und im Fall diese nicht mehr vorhanden wären, so sollen sie das gestohlene Gut an die Armen austheilen, oder sonst für das Reich Gottes verwenden. Hes. 33, 14—16. — Luk. 19, 8 ff.

10*

119. Was ist hingegen im siebenten Gebot befohlen?

Wir sollen das Unsere durch Geschicklichkeit, Fleiß und Sparsamkeit erwerben und zusammen halten, und uns genügen lassen; dem Nächsten das Seine herzlich gönnen und ihm helfen, daß er vorwärts komme. Ferner sollen wir gegen Jedermann ehrlich handeln, gegen Arme barmherzig und gegen Wohlthäter dankbar sein, sollen uns vor Habsucht und Geiz hüten, und das, was wir haben, nach dem Willen unseres himmlischen Gebers gebrauchen.

120. Was verheißt Gott denen, die das siebente Gebot halten?

Zeitliche und ewige Vergeltung. Pf. 112, 5—9.

Das achte Gebot:

121. Welches ist das achte Gebot?

Du sollst kein falsch Zeugniß reden wider deinen Nächsten.

122. Was ist das?

Wir sollen Gott fürchten und lieben, daß wir unsern Nächsten nicht fälschlich belügen, verrathen, afterreden, oder bösen Leumund machen, sondern sollen ihn entschuldigen, Gutes von ihm reden und Alles zum Besten kehren.

123. Wovon handelt also das achte Gebot?

Wie man sich gegen des Nächsten ehrlichen Namen verhalten soll.

124. Was ist im achten Gebot verboten?

Alles, was gegen die Wahrheit, Gerechtigkeit und Liebe gedacht, geredet und gehandelt wird, es geschehe im Gericht oder außer dem Gericht.

125. Wie nennt man das falsche Zeugniß vor Gericht?

Einen falschen Eid oder einen Meineid.

(Wie geschieht solches Zeugniß vor Gericht?
Wie geschieht es außer dem Gericht?)

126. Wie heißt der Fluch, der die Lügner trifft?

„Du bringest die Lügner um, der Herr hat Greuel an den Blutgierigen und Falschen." Psalm 5, 7.

127. Was ist im achten Gebot geboten?

Daß man jederzeit und überall die Wahrheit rede, des Nächsten Unschuld rette, denselben so viel wie möglich in Schutz nehme und ihn entschuldige, Gutes von ihm rede und in Liebe Alles zum Besten kehre; dabei aber auch das Böse, wo es nöthig ist, redlich offenbare, und selbst nach einem guten Namen oder Leumund strebe. Ephes. 4, 25. — Spr. Sal. 31, 8. 9. — Matth. 18, 15. — Sir. 19, 3. — Pf. 41, 5. — Sir. 41, 15. 16.

128. Was verheißt Gott den Wahrhaftigen und Aufrichtigen?

Allerlei Gutes, zeitlich und ewig. Pf. 15. — Pf. 34, 13. 14. — Spr. 12, 19.

Das neunte Gebot.

129. Welches ist das neunte Gebot?

Du sollst nicht begehren deines Nächsten Haus.

130. Was ist das?

Wir sollen Gott fürchten und lieben, daß wir unserem Nächsten nicht mit List nach seinem Erbe oder Hause stehen, noch mit einem Schein des Rechten an uns bringen, sondern ihm dasselbe zu behalten förderlich und dienstlich sein.

131. Was gehört zu des Nächsten Haus?

Nicht nur die Gebäude und die Wohnung des Nächsten, sondern Alles, was er besitzt.

132. Was heißt: das Haus begehren?

Es heißt, nach dem Eigenthum des Nächsten eine böse Lust und Neigung haben.

133 Was wird also in dem neunten Gebot verboten?

Daß wir unserem Nächsten mit List und in böser Lust und im Schein des Rechten nach seinem Haus und übrigen Eigenthum stehen. Jes. 5, 8. — Matth. 23, 14.

134. Was ist in diesem Gebot geboten?

Daß wir unserem Nächsten förderlich und dienstlich, das ist, behilflich sein sollen, daß sein Hab und Gut unangetastet bleibe.

Das zehnte Gebot.

135. Welches ist das zehnte Gebot?

Du sollst nicht begehren deines Nächsten Weib, Knecht, Magd, Vieh oder Alles, was sein ist.

136. Was ist das?

Wir sollen Gott fürchten und lieben, daß wir unserem Nächsten nicht sein Weib, Gesinde oder Vieh abspannen, abbringen, oder abwendig machen, sondern dieselben anhalten, daß sie bleiben und thun, was sie schuldig sind.

137. Warum wird in diesem Gebot besonders das Begehren des Weibes, der Dienstboten und des Viehes des Nächsten verboten?

Weil die Menschen gerade in dieser Hinsicht sich so gerne gelüsten lassen. Aber mit den Worten: „Noch Alles, was dein Nächster hat," ist jedes böse Gelüste verboten.

138. Was wird im neunten und zehnten Gebot überhaupt verboten?

Die böse Lust des Herzens.

139. Welches ist die Strafe für die böse Lust?

„Wenn die Lust empfangen hat, gebieret sie die Sünde; die Sünde aber, wenn sie vollendet ist, gebieret sie den Tod." Jak. 1, 15.

140. Was sagt nun Gott von diesen Geboten allen?

Er sagt also: Ich, der Herr, dein Gott, bin ein starker, eifriger Gott, der über die, so mich hassen, die Sünde der Väter heimsucht an den Kindern bis in's dritte und vierte Glied; aber denen, so mich lieben und meine Gebote halten, thue ich wohl in tausend Glied.

141. Was ist das?

Gott dräuet zu strafen Alle, die diese Gebote übertreten; darum sollen wir uns fürchten vor seinem Zorn und nicht wider solche Gebote thun. Er verheißet aber Gnade und alles Gute Allen, die solche Gebote halten; darum sollen wir Ihn auch lieben und vertrauen, und gerne thun nach seinen Geboten.

142. Straft denn Gott die Sünden der Väter an den Kindern?

Die Strafe trifft eigentlich nur den, der gesündigt hat; wo aber die Kinder in die Fußstapfen ihrer bösen Eltern treten, wird ihre eigene und ihrer Eltern Bosheit an ihnen gestraft. Freilich haben auch fromme Kinder gottloser Aeltern oft ihr ganzes Leben lang die Folgen der Sünden ihrer Eltern zu tragen, wie zum Beispiel Armuth, Schwächlichkeit, Krankheit; aber es dienet dann solchen Kindern nicht zum Fluch, sondern zum Besten. Röm. 8, 28.

143. Wie werden die zehn Gebote gewöhnlich genannt?

Das Gesetz Gottes, in welchem den Menschen gesetzt, gesagt ist, was sie thun und nicht thun sollen.

Von der Erfüllung des Gesetzes.

144. Können wir das Gesetz oder die Gebote Gottes vollkommen erfüllen?

Nein, denn wir sind von Natur böse, und geborne Sünder, wie die Schrift an vielen Orten bezeuget. Ps. 51, 7.

— 1 Mof. 8, 21. — Pf. 143, 2. — Jef. 46, 6. — Gal. 3, 22.

145. Sind wir denn aber nicht in der heiligen Taufe wieder-geboren und erneuert worden?

Ja wohl; aber unsere Erneuerung wird in diesem Leben nur angefangen, und unsere guten Werke sind nicht vollkom-men gut, wenn wir auch noch in der Taufgnade stehen.

146. Ist die Sünde auch noch in den Wiedergebornen übrig.

Ja, sie fühlen sie noch stets bei sich; aber sie widerstreben ihr und dämpfen ihre Lüste. Gal. 5, 17. — Röm. 7, 17. — Gal. 5, 24.

147. Warum fordert denn Gott von uns das völlige Halten Seiner Gebote, die uns vollkommen zu halten doch unmöglich sind?

Gott fordert das billig von uns, wozu Er uns Anfangs geschaffen, und was wir aus eigener Schuld verloren haben.

148. Sind wir denn Alle verdammt und verloren, weil wir die Gebote Gottes nicht vollkommen halten können?

Nein; aber daß uns geholfen würde, so hat Gott, der Vater, uns geschenket Jesum Christum, Seinen eingebornen Sohn, der nie eine Sünde gethan und alle Gebote Gottes vollkommentlich erfüllet hat, darum hält uns nun Gott aus lauter Gnade, von wegen Jesu Christi dafür, als hätten wir alle Seine Gebote erfüllet. 1 Joh. 4, 9. 10. — Hebr. 7, 26. — Matth. 5, 17. 18. — Röm. 8, 3. 4.

149. Wie hat Christus die Gebote für uns erfüllet?

Durch den vollkommenen Gehorsam Seines heiligen Lebens und unschuldigen Leidens und Sterbens. Pf. 40, 8. 9. — Philipp. 2, 8.

150. Wie werden wir des Verdienstes Christi theilhaftig?

Durch den Glauben. So wir an Jesum Christum

glauben, so sieht uns Gott um Jesu willen so an, als ob wir alle Gebote Gottes gehalten hätten, und spricht uns deßhalb frei von Schuld und Strafe.

151. Wie nennt dies die heilige Schrift?

Die Rechtfertigung des Sünders vor Gott durch den Glauben an Jesum Christum.

152. Sind denn gute Werke nöthig, obgleich sie nicht vollkommen sind?

Ja, sie sind nöthig, trotz ihrer Unvollkommenheit.

153. Warum sollen wir denn gute Werke thun?

Nicht darum, daß wir durch gute Werke die Sünde büßen, und den Himmel verdienen; denn Christus hat allein die Sünde gebüßet und das ewige Leben verdienet, sondern wir sollen gute Werke thun, um damit zu beweisen, daß wir den wahren Glauben haben, und unserem Herrn Gott für Seine Guttaten dankbar seien.

Das zweite Hauptstück des Katechismus.

154. Welches ist das andere Hauptstück des Katechismus?

Der christliche Glaube, oder das Apostolische Glaubensbekenntniß.

155. Was enthält das Apostolische Glaubensbekenntniß?

Den Glauben an den Dreieinigen Gott, Vater, Sohn und Heiligen Geist.

156. Warum nennt man die drei Artikel des christlichen Glaubens das Apostolische Glaubensbekenntniß?

Weil es genau mit dem Worte und der Lehre der Apostel übereinstimmt, und weil es, wenn nicht von den Aposteln selbst, doch aus der Zeit der Apostel stammt.

Der erste Artikel.

157. Wie heißt der erste Artikel des christlichen Glaubens?

Ich glaube an Gott, den Vater, allmächtigen Schöpfer Himmels und der Erden.

158. Was ist das?

Ich glaube, daß mich Gott geschaffen hat, sammt allen Kreaturen, mir Leib und Seele, Augen, Ohren und alle Glieder, Vernunft und alle Sinne gegeben hat und noch erhält; dazu Kleider und Schuh, Essen und Trinken, Haus und Hof, Weib und Kind, Aecker, Vieh und alle Güter, mich mit aller Nothdurft und Nahrung des Leibes und Lebens reichlich und täglich versorget, wider alle Fährlichkeit beschirmet und vor allem Uebel behütet und bewahret; und das Alles aus lauter väterlicher, göttlicher Güte und Barmherzigkeit, ohne all mein Verdienst und Würdigkeit, deß Alles ich Ihm zu danken und zu loben, und dafür zu dienen und gehorsam zu sein schuldig bin. Das ist gewißlich wahr.

159. Was heißt: an Gott glauben?

Gott erkennen, Sein Wort annehmen, und all sein Vertrauen auf Ihn setzen. Joh. 17, 3. — 1 Thess. 2, 13. — Heb. 11, 1. — 11, 6.

160. Wer ist Gott, an den man glauben soll?

Gott ist ein unerschaffenes, geistiges Wesen, ewig, allmächtig, allgegenwärtig, allwissend, weise, gerecht, heilig, wahrhaftig, gütig und barmherzig, Vater, Sohn und Heiliger Geist. Joh. 4, 24. — Pf. 90, 2. 3. — Luk. 1, 37. — Jer. 23, 23. 24. — Pf. 139, 1–12. — 1 Tim. 1, 17. — Röm. 2, 6. — Jes. 6, 3. — 4 Mos. 23, 19. — Pf. 103, 8.

(Was heißt: Gott ist unerschaffen?

Was heißt: Gott ist geistig?

Was heißt: Gott ist ewig?

Was heißt: Gott ist allmächtig? und so ganz durch bis zu barmherzig.)

161. Worin hat der dreieinige Gott besonders Seine Allmacht bewiesen?

Im Werk der Schöpfung, da Gott Himmel und Erde, das ist, die ganze Welt, in sechs Tagen aus Nichts erschaffen hat. — Ps. 33, 6. — Hebr. 11, 3.

162. Welches sind die sechs Tagewerke Gottes?

Am ersten Tag schuf Gott das Licht.

Am zweiten Tag: Den sichtbaren Himmel und die Wolken.

Am dritten Tag schuf Gott die Erde sammt den Gewässern darauf, und von der Erde ließ Er aufgehen Bäume und Pflanzen aller Art.

Am vierten Tag schuf Gott Sonne, Mond und Sterne.

Am fünften Tag die Wasserthiere und die Luftthiere, oder die Fische und die Vögel.

Am sechsten Tag schuf Gott die Landthiere und den Menschen.

163. Welches sind die vornehmsten Geschöpfe Gottes?

Die Engel und der Mensch.

164. Wer sind die Engel?

Die Engel sind Geister, welche Gott zu Seinem Lob erschaffen und zu der Menschen Dienst verordnet hat. Ps. 104, 4. — Hebr. 1, 14.

165. Wie mancherlei sind die Engel?

Es gibt gute und böse Engel. Die guten Engel sind, welche in dem Stand, darinnen sie Gott erschaffen hat, beständig geblieben und deßwegen in dem Guten befestigt worden sind. Die bösen Engel, deren Anführer in der Schrift der Teufel heißt, sind diejenigen, welche von Gott

11

abgefallen und zur Hölle verstoßen, Gottes und der Menschen Feinde geworden sind. Matth. 18, 10. — Joh. 8, 44. — 2 Petri 2, 4. — 1 Petri 5, 8.

166. Was ist der Mensch?

Der Mensch ist eine vernünftige Kreatur, aus Leib, Seele und Geist bestehend und zu Gottes Ebenbild er= schaffen. 1 Mos. 1, 27.

167. Worin besteht das Ebenbild Gottes?

In Erkenntniß, Gerechtigkeit und Heiligkeit, Unsterblich= keit, und Herrschaft über die Kreatur.

(Der Lehrer erkläre, was man unter Kreatur versteht, was die leblose, die unvernünftige, die vernünftige Kreatur u. s. w. ist.)

168. Wie hat der Mensch das Ebenbild Gottes verloren?

Durch den leidigen Sündenfall. 1 Mos. 3, 17.

169. Was hat den Menschen zu dem leidigen Sündenfall ge= bracht?

Des Teufels Verführung und des Menschen eigener. von Gott sich wendender Wille.

170. Worein sind wir denn durch den Fall Adams und Evas gerathen?

In die Sünde, und durch die Sünde in den Zorn Gottes, in die Gewalt des Teufels, des Todes und der Hölle. Römer 5, 12.

171. Wie vielerlei ist die Sünde?

Zweierlei, die Erbsünde und die wirkliche Sünde.

172. Was ist die Erbsünde?

Die Erbsünde ist das allertiefste Verderben der ganzen menschlichen Natur, wodurch dieselbe der angeschaffenen Ge= rechtigkeit und Vollkommenheit beraubt und zu allem Bösen geneigt ist, welches Verderben durch die fleischliche Geburt

von Adam auf alle Menschen fortgepflanzt wird und Diejenigen Gottes zeitlicher und ewiger Strafe unterwirft,
welche nicht durch den Heiligen Geist zum ewigen Leben
wiedergeboren werden.

173. Nenne mir einige Schriftstellen, welche klar und deutlich
beweisen, daß die Erbsünde wirklich vorhanden ist.

1. Der Heiland sagt Joh. 3, 5. 6.: Es sei denn, daß
Jemand von Neuem geboren werde aus dem Wasser und
Geist, so kann er nicht in das Reich Gottes kommen. Was
vom Fleisch geboren wird, das ist Fleisch.

2. David bezeugt im 51. Psalmen: „Siehe, ich bin aus
sündlichem Samen gezeuget, und meine Mutter hat mich in
Sünden empfangen."

3. Paulus spricht Röm. 3, 23.: „Es ist hier kein Unterschied; sie sind allzumal Sünder, und mangeln des Ruhms,
den sie an Gott haben sollten."

4. Die nachfolgenden Schriftstellen bezeugen alle, daß
die Erbsünde keine Erdichtung, sondern daß sie wirklich vorhanden ist:

Röm. 7, 18. — Ephes. 2, 1. — 1 Corinth. 2, 14. —
1 Mos. 6, 5. — Hiob 14, 4. — Lucä 11, 13. — Ephes. 5, 8.
— 2 Cor. 3, 5. — Phil. 2, 13. — Röm. 8, 7.

174. Ist denn die Erbsünde auch verdammlich?

Ja freilich; denn Paulus sagt Eph. 2. 3.: „Wir
waren auch Kinder des Zorns von Natur, gleichwie auch die
Andern."

175. Was ist die wirkliche Sünde?

Wirkliche Sünde ist alle That, Rede, Gedanke oder Be-
gierde wider Gottes Gesetz, dadurch etwas Böses begangen
oder etwas Gutes unterlassen wird.

176. Ist es denn auch Sünde, wenn man das Gute unterläßt?

Freilich ist es Sünde, weil Gott nicht allein von uns fordert, daß wir das Böse lassen, sondern auch das Gute thun sollen, wie geschrieben stehet: „Wer da weiß, Gutes zu thun, und thut es nicht, dem ist es Sünde." Jak. 4, 17.

177. Wie kann man daher die verschiedenen Sünden eintheilen?

In Erbsünde und wirkliche Sünde, in Schwachheits= und in Bosheitssünde, in Unterlassungs= und Begehungs= sünden.

(Der Catechet zeige an Beispielen heiliger Schrift die verschiedenen Arten der Sünden 3. B. der Priester und Levit ließen sich in Hin= sicht zu dem unter die Mörder Gefallenen eine Unterlassungssünde zu Schulden kommen; die Raubmörder aber eine Begehungssünde.)

178. Da Gott die Engel und den Menschen gut geschaffen hat, was darf man Ihm deßhalb nicht zuschreiben?

Den Ursprung des Bösen, das heißt: Man darf nicht sagen, daß Gott die Ursache des Bösen sei, da er ja den Teufel als einen Engel des Lichts erschaffen, und derselbe erst durch seinen Abfall von Gott zum Teufel geworden ist.

179. Warum verführte denn Satan die ersten Menschen zur Sünde?

Aus Feindschaft gegen Gott und aus Neid gegen den Menschen, dem er den herrlichen Zustand im Paradiese nicht gönnte. Weish. 2, 24.

180. Warum hat denn Gott die Menschen dennoch erschaffen, da er doch wußte, daß sie der Teufel zum Sündenfall verleiten werde?

Weil er ja auch wußte, daß sein lieber Sohn auf die Welt kommen werde, um durch sein Leiden und Sterben die Menschen zu erlösen und die Werke des Teufels zu zerstören. 1 Joh. 3, 8.

181. Sorget Gott auch noch für das, was Er erschaffen hat?

Ja freilich; denn Er erhält durch Seine göttliche Kraft alle Kreaturen in ihrem Wesen und Wirkung. Vor andern sorget Er für die Menschen, und besonders für seine gläubigen Kinder, die Er weislich, allmächtig und väterlich regieret; und lenkt Alles zu weisen, guten Absichten. 1 Mos. 50, 20. — Apgesch. 17, 28. — Ps. 36, 7. — Ps. 33, 18.

182. Was bist du dem lieben Gott für deine Erschaffung und Erhaltung schuldig?

Ich bin schuldig, Ihm dafür zu danken und zu loben, Ihm zu dienen und gehorsam zu sein mein Leben lang. Ps. 103, 1. 2. — Sir. 50, 24.

Der zweite Artikel.

183. Wie lautet der zweite Artikel des christlichen Glaubens?

Und an Jesum Christum, Seinen einigen Sohn, unsern Herrn, der empfangen ist von dem Heiligen Geist, geboren aus Maria, der Jungfrau, gelitten unter Pontio Pilato, gekreuziget, gestorben und begraben, niedergefahren zur Höllen, am dritten Tage wieder auferstanden von den Todten, aufgefahren gen Himmel, sitzend zur Rechten Gottes, des allmächtigen Vaters, von dannen Er kommen wird, zu richten die Lebendigen und die Todten.

184. Was ist das?

Ich glaube, daß Jesus Christus, wahrhaftiger Gott, vom Vater in Ewigkeit geboren, und auch wahrhaftiger Mensch, von der Jungfrau Maria geboren, sei mein Herr, der mich verlornen und verdammten Menschen erlöset hat, erworben und gewonnen, von allen Sünden, vom Tod und von der Gewalt des Teufels; nicht mit Gold oder Silber, sondern mit seinem heiligen, theuren Blut, und mit seinem unschuldigen Leiden und Sterben, auf daß ich Sein eigen

11*

sei, und in Seinem Reich unter Ihm lebe, und Ihm diene
in ewiger Gerechtigkeit, Unschuld und Seligkeit, gleichwie.
Er ist auferstanden vom Tode, lebet und regieret in Ewig=
keit. Das ist gewißlich wahr.

185. Wovon handelt dieser Artikel und seine Auslegung?
Von der Person und dem Amte unsers Herrn Jesu
Christi.

I. Von Christi Person.

186. Welche Worte dieses Artikels handeln besonders von
Christi Person?

Die Worte: Und an Jesum Christum, Seinen einigen
Sohn, unsern Herrn, der empfangen ist von dem Heiligen
Geist, geboren aus Maria, der Jungfrau.

187. Wer ist Jesus Christus?

Er ist die zweite Person in der Gottheit, wahrer Gott
und wahrer Mensch in Einer unzertrennten Person, der ein=
zige Erlöser des ganzen Menschengeschlechts.

188. Was heißt: Jesus?

Jesus ist ein hebräisches Wort, und heißt auf deutsch:
ein Heiland, Helfer, Seligmacher und lauter Heil.

189. Wem ist Jesus zum Heiland und Seligmacher gegeben?

Allen Menschen, weil sie alle Sünder sind.

190. Werden denn alle Menschen selig?

Nein, sondern nur diejenigen, so von Herzen an Jesum
Christum glauben.

191. Wie macht uns Jesus selig?

Indem Er unsere Sünden versöhnet und tilget, Seine
Gerechtigkeit uns schenket, und durch den Heiligen Geist die
Herrschaft der Sünden in uns tödtet. 1 Joh. 2, 2. —
Röm. 6, 14. — Röm. 8, 1.

192. Was heißt Christus?

Christus ist ein griechisches Wort, und heißt: Gesalbter, oder König.

193. Wie beweisest du, daß Jesus Christus wahrer Gott sei?

Aus vielen Stellen heiliger Schrift, wo er ausdrücklich Herr und Gott genannt wird, und Gottes eigener und eingeborner Sohn heißt, Ihm auch göttliche Eigenschaften beigelegt werden. Jer. 23, 6. — Joh. 20, 28. — 1 Joh. 5, 20. — Röm. 8, 32. — Joh. 1, 1. 2. — Ps. 102, 26. 28. — Matth. 18, 20. — Matth. 28, 18. — Joh. 2, 25. — Kol. 2, 3. — Joh. 14, 9.

194. Was wird Christo, als dem Sohne Gottes, zugeschrieben?

1. Die Schöpfung der Welt, Joh. 1, 3.
2. Die Erhaltung der Welt, Col. 1, 17. — Heb. 1, 3.
3. Wunderwerke, Luc. 7, 14. — Joh. 11, 43.
4. Weissagung zukünftiger Ereignisse, Luc. 18, 31–34.
5. Die Gewalt, Sünden zu vergeben, und das jüngste Gericht zu halten, Matth. 9, 6. — Joh. 5, 17.
6. Es wird Ihm göttliche Ehre zugeschrieben: Hebr. 1, 6. — Joh. 5, 23. — Joh. 3, 16. u. f. w.

195. Was kann man aus diesem Allen deutlich ersehen?

Daß Jesus Christus wahrhaftiger Gott sei.

196. Ist Christus auch ein wahrer Mensch worden mit Leib und Seele?

Ja: „Nachdem die Kinder Fleisch und Blut an sich haben, ist er es gleichermaßen theilhaftig geworden." Hebr. 2, 14.

197. Hat Christus auch menschliche Eigenschaften angenommen?

Ja, Er ist uns in Allem gleich geworden, außer der Sünde.

198. Nenne mir solche menschliche Eigenschaften!

1. Der liebe Heiland ist müde geworden. Joh. 4, 6.
2. Er hat gehungert. Matth. 4, 2.
3. Er hat gedürstet. Joh. 4, 7. — Joh. 19, 28.
4. Er hat geweint. Luc. 19, 41. — Joh. 11, 35.
5. Er hat gezittert und gezagt. Matth. 26, 37.
6. Er ist betrübt geworden. Matth. 26, 38.
7. Er hat Schmerzen gelitten. Jes. 53, 4.
8. Er ist gestorben. Joh. 19, 30. — Joh. 19, 33.
9. Aus Seinem Herzen floß Blut und Wasser. Joh. 19, 34.
10. Er wurde begraben. Joh. 19, 41. 42.

199. Hat Er nicht auch menschliche Werke verrichtet?

Ja. 1. Er war seinen Eltern gehorsam. Luc. 2, 51.
2. Er arbeitete bei Seinem Pflegevater. Matth. 6, 3.
3. Er hat gesprochen und gelehret. Matth. 4, 23.
4. Er hat gefastet. Matth. 4, 2.
5. Er hat gegessen und getrunken. Matth. 11, 19.
6. Er ist im Land umher gereiset. Matth. 4, 23.
7. Er hat Andern wohlgethan. Apostg. 10, 38.

200. Was können wir hieraus deutlich erkennen?

Daß Jesus Christus auch ein wahrer Mensch gewesen sei.

201. Hat Christus nicht selbst auch bezeugt, daß Er ein Mensch sei?

Ja; denn er nennt sich selbst öfters des Menschen Sohn. Matth. 9, 6. — Matth. 12, 8. — Matth. 18, 11. — Matth. 12, 40. — Lucä 9, 56. — Lucä 12, 8. — Joh. 3, 14.

202. Ist Christus jetzt nimmer Gott, weil Er ein Mensch geworden?

Ja freilich. Er ist Gott und Mensch in Einer untrennten Person. Marc. 15, 39.

203. Warum ist der Sohn Gottes ein Mensch geworden?

Damit Er als Mensch für uns leiden und sterben und das Werk der Erlösung für die Menschheit vollbringen konnte.

204. Warum mußte Christus aber auch Gott sein?

Weil kein bloßer Mensch die Sünden der Menschen tragen und versöhnen konnte, und nicht im Stande war, den Fluch des Gesetzes und Gottes Zorn zu tragen und zu stillen, und Tod, Teufel und Hölle zu überwinden. Deßhalb mußte der Mensch Jesus auch zugleich wahrer Gott sein. Ps. 49, 8. 9.

(Von wem ist Christus geboren?

Wann ist Er geboren?

Wo ist Er geboren?)

Diese Fragen können schon mit Antwort 186 verbunden werden.

II. Von Christi Amt.

205. Wie vielfach ist das Amt Jesu Christi?

Christus hat ein dreifaches Amt, nämlich das prophetische, das hohepriesterliche und das königliche Amt.

206. Wie ist Christus unser Prophet?

Er hat uns den Willen Gottes von unserer Seligkeit verkündiget, und läßt ihn immer noch verkündigen. Auch hat Er Seine Lehre mit Seinem heiligen Leben, mit großen Wundern, Leiden, Sterben und darauf erfolgter Herrlichkeit bekräftiget. Joh. 1, 18. — 2 Kor. 5, 20. — Hebr. 2, 3.

207. Wie ist Christus unser Hoherpriester?

Er hat sich selbst für unsere Sünden geopfert; Er bittet für uns zur rechten Hand Gottes, und segnet uns mit allen Seinen erworbenen Gnadenschätzen. Hebr. 5, 6. 7. — Hebr. 9, 26–28. — Hebr. 9, 24. — Hebr. 7, 24. 25.

208. Wie ist Christus unser König?

Er regieret und beschützet uns nicht allein mit Seiner
Allmacht, wie die andern Kreaturen, sondern Er sammelt
und erhält auch durch Sein Wort und Sakrament Seine
Kirche; Er nimmt sich Seiner Gläubigen besonders an, und
wird als ein König nach Seinem Wort richten, und führet
uns endlich ein in das Reich der ewigen Glorie und Herrlichkeit Eph. 1, 20-22. — Jer. 33, 15. 16.—Kol. 1, 12.
Joh. 17, 24.

Von den beiden Ständen Christi.

l. Der Stand Seiner Erniedrigung.

209. In was für einem Stand ist Christus hier auf Erden
gewesen?

Im Stand der Erniedrigung. Phil. 2, 6. ff.

210. Was gehört zum Stand der Erniedrigung?

Seine Empfängniß, Seine Geburt, all Sein Leiden durch
Sein ganzes Leben, Seine Armuth und Verachtung; beson-
ders aber Sein letztes Leiden, Sein Tod am Kreuz und
Sein Begräbniß.

211. Für wen hat Christus gelitten?

Für alle Menschen. 1 Tim. 2, 6. — 2 Petri 2, 1. —
1 Kor. 8, 11.

212. An welcher Natur hat Christus gelitten?

Christus hat gelitten an Seiner menschlichen Natur, und
die göttliche Natur hat ihr solch Leiden vermittelst der per-
sönlichen Vereinigung zugeeignet, also daß Christus als
Gott und Mensch für uns gelittten. 1 Petri 4, 1. — 1 Kor.
2, 8. — Apostg. 3, 15.

213. An welchem Orte hat Christus den Tod erlitten?

Zu Jerusalem. Luc. 13, 33.

214. Wann hat Christus gelitten?

Zur Zeit des Römischen Kaisers Tiberii, unter dem Römischen Landpfleger Pontio Pilato.

215. Was hat Christus gelitten?

Er hat innerlich an Seiner heiligen Seele und äußerlich an Seinem unschuldigen Leib die allergrößte Qual, Angst und Pein erlitten.

216. Was ist Christi innerliches Seelenleiden gewesen?

Die unaussprechliche Angst Seiner Seele und Empfindung des Zorns Gottes und des Todes.

217. Was ist Christi äußerliches Leiden gewesen?

Unaussprechlich vieles Unrecht und Schmach, auch Marter des Leibes, da Er von Seinem untreuen Jünger Judas verrathen, von den Juden gefangen, gebunden, vor ihrem Gericht zum Tod verdammt, dem Römischen Landpfleger Pontio Pilato übergeben, unschuldig angeklagt, von ihm und von Herodes, auch allen Arten der Leute verachtet, verspottet, verhöhnet, gegeißelt, mit Dornen gekrönet, und zuletzt zu dem Kreuzestod verdammt worden, wie solches Alles die Passionshistorie bezeuget.

218. Was nützet uns das Leiden und der Kreuzestod Christi?

Christus hat uns dadurch mit Gott versöhnet, von Sünde, Tod, Teufel und Hölle erlöset, Gerechtigkeit und ewiges Leben wiedergebracht. Jes. 53, 4. 5. — Röm. 6, 10. 11. — 2 Tim. 1, 10. — Hebr. 2, 14. 15. — Dan. 9, 24.

219. Wozu soll uns das Leben, Leiden, Kreuz und Tod Christi antreiben?

Daß wir uns vor Sünden fleißig hüten, nach Christi Exempel unschuldig leben, geduldig leiden und williglich sterben. 1 Petri 2, 21. ff.

220. Ist Christus nach Seinem Tod auch begraben worden?

Ja. Er ist von Joseph und Nikodemus begraben und in einen Garten in ein neues Grab gelegt worden. Joh. 19, 38. 42. — Matth. 27, 57–60.

221. Was nützet uns das Begräbniß Christi?

Wir sind dadurch versichert, daß Christus wahrhaftig gestorben, und daß er unsere Sünde im Grab verscharret, auch unsere Gräber zu Ruh= und Schlafkämmerlein geweihet hat. 1 Kor. 15, 3. 4. — 1 Thess. 4, 14.

II. Der Stand der Erhöhung Christi.

222. Was ist auf den Stand der Erniedrigung Christi gefolgt?

Der Stand Seiner Erhöhung. Phil. 2, 9. ff.

223. Was gehört zum Stand der Erhöhung Christi?

Die Höllenfahrt, die Auferstehung von den Todten, die Himmelfahrt, das Sitzen zur Rechten Gottes und die Zu= kunft zum Gericht.

224. Auf was für ein Zeugniß heiliger Schrift gründet sich unser Glaubensbekenntniß von Christi Höllenfahrt?

Hauptsächlich auf folgende Schriftstelle: „Christus, lebendig gemacht nach dem Geist, ist hingegangen in dem= selbigen und hat geprediget den Geistern im Gefängniß, die etwa nicht glaubeten, da Gott einsmals harrete und Geduld hatte zu den Zeiten Noä, da man die Arche zurüstete." 1 Petri 3, 18–20.

225. Warum ist Christus zur Hölle gefahren?

Nicht, um darinnen zu leiden, sondern den daselbst be= findlichen Geistern zu erweisen, daß Er dem, der bisher des Todes Gewalt hatte, das ist, dem Teufel, diese Macht ge= nommen habe, und nun über Todte und Lebendige Herr sei. Röm. 14, 9.

226. Was nützet uns die Höllenfahrt Christi?

Wir haben den Trost davon, daß nun für die Gläubigen weder im Gegenwärtigen noch Zukünftigen, weder in der Höhe noch in der Tiefe, etwas Nachtheiliges zu besorgen sei, das sie von der Liebe Gottes scheiden könnte, die da ist in Christo Jesu, unserem Herrn. Röm. 8, 38. 39.

227. Was ist auf die Höllenfahrt Christi gefolgt?

Seine siegreiche Auferstehung von den Todten.

228. Wann ist Christus von den Todten auferstanden?

Am dritten Tage nach Seinem Tod und Begräbniß. Matth. 16, 21.

229. Aus wessen Kraft ist Christus von den Todten auferstanden?

Aus eigener, göttlicher Kraft, welche mit der Allmacht Gottes, des Vaters, eins ist. Joh. 10, 18. — Röm. 6, 4.

230. Was nützet uns die Auferstehung Jesu Christi?

Sie versichert uns unserer Erlösung und gründet ein neues geistliches Leben in uns, weil wir Gemeinschaft an derselben haben; auch versichert sie uns der Hoffnung der künftigen Auferstehung unseres Leibes zum ewigen Leben. Röm. 4, 25. — Kol. 3, 1. — 1 Petri 3, 1. — Phil. 3, 21. — Joh. 11, 25. — Eph. 2, 6.

231. Wozu soll uns die Auferstehung Christi antreiben?

Daß wir auch geistlich aus dem Tod und Schlaf der Sünden und Unbußfertigkeit aufstehen, uns täglich im Geiste erneuern, und uns bestreben, alle Sicherheit, Unglauben und Gottlosigkeit zu überwinden. Röm. 6, 4. — Eph. 5, 14. — Kol. 2, 12.

232. Wie lang ist Christus nach Seiner Auferstehung auf Erden geblieben?

Vierzig Tage lang. Apostg. 1, 3.

233. Was ist nach solchen vierzig Tagen geschehen?

Christus ist sichtbarlich gen Himmel gefahren. Apostg 1, 9. — Luc. 24, 51.

234. Nach welcher Natur ist Christus gen Himmel gefahren?

Nach der menschlichen Natur. Joh. 3, 13. — Eph. 4, 10.

235. Ist Christus nun nicht mehr auf Erden?

Obwohl Er durch die Himmelfahrt uns Seine sichtbare Gegenwart entzogen, so ist Er doch unsichtbarer Weise als Gott und Mensch in einer unzertrennten Person noch allezeit bei uns, wie Er selbst verheißen hat, ehe Er gen Himmel fuhr, als Er sprach: „Siehe, ich bin bei euch alle Tage bis an der Welt Ende." Matth. 28, 20.

236. Was nützet uns die Himmelfahrt Christi?

Er hat uns dadurch den Zugang zu Gott und einen freien Eingang in den Himmel bereitet. Joh. 14, 6. — Eph. 3, 12. — Joh. 14, 2.

237. Wozu soll uns die Himmelfahrt Christi antreiben?

Wir sollen auch himmlisch gesinnt sein und im Geiste täglich Himmelfahrt halten. Kol. 3, 1. 2. — Phil. 3, 20. — Matth. 6, 20. 33.

238. Wozu ist Christus nach Seiner Menschheit erhöhet worden?

Zu der rechten Hand Gottes, des allmächtigen Vaters. Marci 16, 19.

239. Was heißt: Die rechte Hand Gottes?

Gottes unendliche Kraft und Gewalt, Majestät, Ehre und Herrschaft über alle Kreaturen. Hebr. 1, 3. — Matth. 26, 64. — Ps. 139, 10. — Eph. 1, 20—22. — Jes. 48, 13.

240. Was heißt der Ausdruck also: „Sitzend zur Rechten Gottes?"

Es heißt: Mit Gott dem Vater allgewaltig und allgegenwärtig über alle Kreaturen im Himmel und auf Erden herrschen und regieren. Eph. 1, 20–23. — Pf. 110, 1.

241. Was nützet uns das Sitzen Christi zur Rechten Gottes?

Christus sitzet zur Rechten Gottes, daß Er uns wider unsere Feinde beschütze, immerdar für uns bitte, Seinen heiligen Geist uns sende, und uns einst auch auf den Thron Seiner Herrlichkeit erhöhe. Pf. 110, 1. — Röm. 8, 34. — Apostg. 2, 33. — Off. 3, 21.

242. Wozu soll uns das Sitzen Christi zur Rechten Gottes, des Vaters, antreiben?

Daß wir auf Ihn vertrauen und uns vor Seiner All-gegenwart scheuen.

243. Wo ist dies schön ausgedrückt?

Im zweiten Psalmen, Vers 11 und 12, wo es heißt: „Dienet dem Herrn mit Furcht und freuet euch mit Zittern. Küsset den Sohn, daß er nicht zürne und ihr umkommet auf dem Wege; denn sein Zorn wird bald anbrennen, aber wohl Allen, die auf Ihn trauen."

244. Wird Christus auch wieder vom Himmel kommen?

Ja, Er wird wieder vom Himmel kommen. Apostgesch. 1, 11.

245. Wann wird Christus wiederkommen?

Am jüngsten Tag, der allein Gott bekannt ist. Matth. 24, 36.

246. Wie wird Christus wiederkommen?

Sichtbarlich und mit großer Kraft und Herrlichkeit. Luk. 21, 27. — Matth. 25, 31. — 1 Thess. 4, 16.

247. Wozu oder warum wird Christus vom Himmel kommen?

Das Gericht zu halten, oder, wie der Katechismus sagt, zu richten. Apostg. 17, 30. 31.

248. Nach welcher Natur wird Christus richten?

Nicht nur nach der göttlichen, sondern auch nach der menschlichen Natur. Joh. 5, 22. 27.

249. Wer wird mit Christo zu Gericht sitzen?

Die heiligen Engel und die Auserwählten. Ep. Judä, V. 14. — 2 Theff. 1, 7. — 1 Kor. 6, 2.

250. Wen wird Christus richten?

Nach zuvor ergangenem Gericht über die bösen Engel oder Teufel wird Christus alle Menschen richten, beide, die Lebendigen und die Todten. 2 Petri 2, 4. — Ep. Jud. 6. — Apostg. 10, 42. — 1 Theff. 4, 14. 15.

251. Wer sind die Lebendigen?

Es sind die, welche vom jüngsten Tag lebendig ergriffen und in Einem Augenblick werden verwandelt werden. 1 Kor. 15, 51.

252. Wer sind die Todten?

Alle die, welche vor dem jüngsten Tag starben.

253. Wird Jemand dem Gericht entfliehen können?

Nein. „Wir müssen Alle offenbar werden vor dem Richterstuhl Christi, auf daß ein Jeglicher empfahe, nach dem er gehandelt hat bei Leibes Leben, es sei gut oder böse." 2 Kor. 5, 10. — Jef. 66, 16. — Röm. 14, 10. — Off. Joh. 20, 12.

254. Wie wird Christus die Welt richten?

Mit Gerechtigkeit und nach Seinem Wort. Apostg. 17 31. — Joh. 12, 48. — Off. Joh. 20, 12.

255. Was wird Christus richten?

Den Glauben und Unglauben der Menschen. 2 Theff. 1, 7. 8. — Joh. 3, 18. 36.

256. Wonach wird Christus den Glauben und Unglauben der Menschen richten?

Nach ihren Werken. Röm. 2, 6. 7. — Off. Joh. 22, 12.

257. Was für Werke wird Christus richten?

Alle Werke, auch die verborgensten, sowie auch die Worte, ja selbst die Gedanken des Herzens. Pred. Sal. 12, 14. — Matth. 12, 36. — 1 Kor. 4, 5. — Jes. 66, 18. — Röm. 2, 16.

258. Welchen Trost haben die Gläubigen aus der Zukunft Christi zum Gericht?

Daß sie von allem Uebel erlöset werden, und aus dem Tod in's Leben gehen. Off. Joh. 21, 4. — Joh. 5, 24. — 1 Thess. 4, 17.

259. Weil wir nicht wissen, wann der jüngste Tag sein wird, sollen wir deßhalb sicher sein und sprechen: „Mein Herr kommt noch lange nicht?"

Nein, durchaus nicht, sondern wir sollen glauben, daß die Zukunft des Herrn nahe sei, und sollen uns auf den himmlischen Bräutigam durch gottseligen Wandel, Wachen und Beten bereit halten. 1 Joh. 2, 18. — 1 Petri 4, 7. — Matth. 24, 11–14. — 2 Petri 3, 3–12.

Der dritte Artikel.

260. Wie lautet der dritte Artikel des christlichen Glaubens?

Ich glaube an den Heiligen Geist, Eine heilige, christliche Kirche, die Gemeinschaft der Heiligen, Vergebung der Sünden, Auferstehung des Fleisches und ein ewiges Leben. Amen.

261. Was ist das?

Ich glaube, daß ich nicht aus eigener Vernunft noch Kraft an Jesum Christum, meinen Herrn, glauben, oder zu

12*

Ihm kommen kann, sondern der Heilige Geist hat mich durch
das Evangelium berufen, mit seinen Gaben erleuchtet, im
rechten Glauben geheiliget und erhalten, gleichwie er die
ganze Christenheit auf Erden berufet, sammelt, erleuchtet,
heiliget und bei Jesu Christo erhält im rechten einigen
Glauben, in welcher Christenheit er mir und allen Gläubigen
täglich alle Sünden reichlich vergibt, und am jüngsten Tage
mich und alle Todten auferwecken wird, und mir sammt
allen Gläubigen in Christo ein ewiges Leben geben wird.
Das ist gewißlich wahr.

I. Vom Heiligen Geist.

262. Von wem spricht der dritte Artikel zuerst?
Von dem Heiligen Geist.

263. Was bekennst du von dem Heiligen Geist?
Daß Er die dritte Person in der Gottheit sei, weshalb
ich sage: „Ich glaube an den Heiligen Geist.“

264. Wie beweisest du, daß der Heilige Geist Gott sei?
Mit der Heiligen Schrift, welche dem Heiligen Geist
göttliche Namen, Eigenschaften, Werke und Ehre zuschreibt.
Apostgesch. 5, 3. 4. — 1 Kor. 2, 10. — Pf. 33, 6. — Jef.
6, 3.

265. Ist der Heilige Geist auch eine besondere, vom Vater und
Sohn unterschiedene Person?
Ja; denn Er gehet aus vom Vater und vom Sohn, und
hat persönliche Werke, und wird damit von Beiden persön-
lich unterschieden.

266. Beweise mir, daß der Heilige Geist vom Vater ausgehet!
Unser Heiland sagt: „Wenn aber der Tröster kommen
wird, welchen ich euch senden werde vom Vater, der Geist

der Wahrheit, der vom Vater ausgehet, der wird zeugen von mir." Joh. 15, 26.

267. Beweise mir, daß der Heilige Geist vom Sohne ausgibt!

Der Heilige Geist wird Gal. 4, 6. der Geist des Sohnes Gottes genannt, und Röm. 8, 9. heißt Er der Geist Christi, und weil der Herr Jesus Joh. 15, 16. sagt, daß Er den Geist senden werde, so muß Er, der Heilige Geist, auch vom Sohne ausgehen.

268. Warum wird besonders die dritte Person der Heilige Geist genannt?

Weil Er als Odem Gottes auf eine unerforschliche Weise vom Vater und Sohn ausgehet. Hiob 33, 4.

269. Warum wird Er der Heilige Geist genannt?

Weil Er nicht allein Seinem Wesen nach heilig ist, sondern auch uns heiliget, wie Paulus schreibt: „Ihr seid geheiliget worden durch den Geist unseres Gottes." 1 Kor. 6, 11. — Hes. 36, 26. 27. — Tit. 3, 5.

270. Wie vielfach ist das Amt des Heiligen Geistes?

Der Heilige Geist hat ein vierfaches Amt:

1. Ein Strafamt, das Er an der ganzen Welt ausübt, aber auch noch an den Gläubigen braucht, indem Er ihnen täglich ihre Unlauterkeit und Mängel vor Augen stellt. 2. Ein Lehramt, das allermeist denen zu gut kommt, die aus der Wahrheit sind. 3. Ein Zucht= und Vermahnungsamt, das allermeist zum Wandel in der Wahrheit förderlich ist, und 4. ein Trostamt. Joh. 16, 8. — 1 Kor. 14, 24. 25. — Ps. 19, 12. — Off. 3, 19. — 2 Sam. 24, 10. — Joh. 14, 26. — 1 Joh. 2, 20. — Ps. 143, 10. — Röm. 8, 14. — Gal. 5, 18. — Joh. 14, 16. — Röm. 15, 4. 13.

271. Wie erlangen wir den Heiligen Geist?

Durch den Gebrauch des Wortes Gottes und der heiligen

Sakramente, durch wahre Buße und Gebet. Apostgesch. 10, 44. — Tit. 3, 5. — Apostgesch. 2, 38. — Luk. 11, 13. — Joh. 4, 10. — Ephes. 1, 17. — Ps. 51, 12 ff.

272. Kann der Heilige Geist auch wieder ausgetrieben werden und von uns gehen?

Ja freilich, durch vorsätzliche, muthwillige und schwere Sünden, daher wir uns allezeit sorgfältig prüfen sollen, ob Christi Geist in uns sei, und ob wir Seinen Wirkungen bei uns Platz lassen. 1 Sam. 16, 14. — 1 Mos. 6, 3. — Jes. 63, 10. — Eph. 4, 30. — Röm. 8, 9.

273. Worin bestehen denn besonders diese Wirkungen des Heiligen Geistes?

Darin, daß er mir den Glauben an Jesum Christum schenkt und mich in Gemeinschaft mit Ihm bringt, indem er mich beruft, sammelt, erleuchtet, heiliget und bei Jesu Christo erhält.

274. Von wannen hat Er dich berufen?

Hinweg von der Welt und heraus aus dem Reich des Satans.

275. Und wozu hat Er dich berufen?

Zu Seinem Reich, Seiner Kirche und Gemeinde.

276. Womit hat Er dich erleuchtet?

Mit Seinen Gaben, das heißt durch das Gesetz und Evangelium und die Erkenntniß derselben.

277. Was gibt dir der Heilige Geist ferner?

Die Heiligung; Er hat mich geheiliget, das heißt, Er schenkte mir Kraft, in einem Stand gottseliger Werke erfunden zu werden, und auf dem Wege des Glaubens und der Liebe fortzuschreiten.

278. Warum heißt es: „Der Heilige Geist heiligt mich im rechten einigen Glauben?"

Weil es auch einen falschen Glauben und vielerlei Meinungen gibt, welche uns nicht heiligen können, sondern entweder in Selbstgerechtigkeit oder in Leichtsinn stürzen.

279. Warum müssen wir auch im rechten Glauben erhalten werden bis an unser Ende?

Weil es uns nichts hülfe, wenn wir bloß einen Anfang im Glauben gemacht hätten, und nicht auch in demselben verharren würden. Denn wir sollen im wahren Glauben beständig und standhaft bleiben; weil wir aber so schwach sind, so steht uns der Heilige Geist bei und erhält uns im Glauben bis an unser seliges Ende.

II. Von der heiligen, christlichen Kirche.

280. Was ist oder heißet die Kirche?

Kirche heißt: Die Gemeine Gottes oder die Christenheit, welche der Heilige Geist durch das Wort und die Sakramente sammelt. 1 Kor. 1, 2.

281. Warum sagen wir: Ich glaube eine Kirche?

Weil die wahre Kirche Christi unsichtbar ist, und man Niemand in das Herz sehen oder unfehlbar wissen kann, welche Christen den wahren Glauben an Christum haben, und also lebendige Glieder der wahren Kirche seien. 2 Tim. 2, 19. — Luk. 17, 20. 21. — Ebr. 12, 22. 23. — Gal. 4, 26.

282. Warum wird die christliche Kirche Eine Kirche genannt?

Weil seit dem Beruf des Heiligen Geistes durch das Evangelium in der ganzen Welt nur Eine Kirche ist derjenigen, die in Einem Glauben auf den Grund der Apostel und Propheten erbauet, mit dem Herrn Christo vereinigt und in der Einigkeit des Geistes durch die Liebe mit einander verbunden sind. Eph. 2, 19 ff.

283. Warum ist sie eine heilige Kirche?

Weil sie durch den Glauben die Heiligkeit Christi anzieht, und von dem Heiligen Geist zum heiligen Leben täglich erneuert wird. 1 Kor. 6, 11. — 1 Petri 1, 15–17.

284. Sind denn in der äußerlichen Gemeinschaft der christlichen Kirche lauter Heilige?

Nein, sondern es gibt Gute und Böse in dem äußerlichen Haufen der christlichen Kirche, wie der Heiland dies selbst lehret in dem Gleichniß vom Acker mit dem Waizen und Unkraut und vom Netz mit den bösen und guten Fischen. Daher soll sich Niemand trennen von der Kirche, sondern Jeder soll sich bestreben, ein gutes Waizenkorn und ein gutes Fischlein zu werden. Dem Herrn allein gehört die Scheidung zu. Matth. 13, 25. — Matth. 13, 47. 48. — Matth. 25, 32. 33.

285. Welches sind denn die Glieder der christlichen Kirche?

Glieder der sichtbaren christlichen Kirche sind Alle, die sich äußerlich zur christlichen Religion bekennen und halten; aber wahre Glieder der christlichen Kirche, welche die unsichtbare heißt, weil sie unsichtbarer Weise mit Christo vereinigt ist, sind allein, die von Herzen glauben und Christo im Geist dienen.

286. Sind denn die wahren Glieder der christlichen Kirche nicht auch sichtbar?

Ja. Die wahren Glieder der Kirche sind auch sichtbar, sofern sie unter dem äußerlichen Haufen sind, sollen sich auch zeigen mit ihren Werken; aber wegen des Glaubens, der allein Gott untrüglich bekannt ist, und wegen ihrer Erwählung zum ewigen Leben heißt sie die unsichtbare Kirche.

Matth. 7, 21. — Röm. 2, 28. 29. — 2 Tim. 2, 19. — Joh 10, 26–28.

287. Welches sind die Kennzeichen der wahren Kirche?

Wo Gottes Wort lauter und rein geprediget und die Sakramente nach Christi Einsetzung verwaltet werden, da ist eine wahre Kirche, welche Kinder Gottes in sich hat und zeuget. Joh. 8, 31. — 1 Kor. 4, 15. — Matth. 28, 19. 20. — Matth. 26, 26–28.

288. Wenn aber der öffentliche Gottesdienst unterdrückt wird, wo bleibt alsdann die Kirche?

Alsdann ist sie uns verborgen; Gott aber wohl bekannt. Offb. Joh. 12, 6. — 1 Kön. 19, 18. — Röm. 11, 2–5.

289. Wer ist das Haupt der Kirche?

Christus allein ist das Haupt der ganzen Christenheit. Kol. 1, 18. — Eph. 1, 22. 23.

290. Was versteht man unter Gemeinschaft oder Gemeinde der Heiligen?

Daß die Gläubigen alle an Christo, dem Haupte, ein geistlicher Leib sind, alle geistlichen und himmlischen Güter in Christo gemein haben und durch die Liebe einander dienen. Kol. 2, 19. — Joh. 1, 16. — Eph. 4, 3. 4 ff. — Joh. 13, 35.

III. Von der Vergebung der Sünden.

291. Welches ist das vornehmste Gut, dessen die Gläubigen in der christlichen Kirche theilhaftig werden?

Die Vergebung der Sünden. Kol. 1, 12–14.

292. Sind denn die Glieder der christlichen Kirche auch noch Sünder?

Freilich; denn wir haben noch die Sünde in uns, und das Werk der Heiligung wird in diesem Leben nicht vollendet.

293. Warum jagst du aber im dritten Artikel: „Ich glaube eine Vergebung der Sünden?‟

Weil ich gewiß weiß und glaube, daß ich nicht durch meine eigenen Werke vor Gott gerecht werde, sondern daß ich meiner Sünden eben dadurch los werde, daß mir Gott dieselben um Christi willen in Gnaden vergibt.

294. Wie nennt die heilige Schrift diesen seligen Zustand eines begnadigten Sünders?

Den Stand der Gnade und der Kindschaft Gottes. Röm. 8, 1.

295. Was gehört von unserer Seite dazu, daß wir durch das Blut Jesu gereinigt werden von allen unsern Sünden?

Der wahre Glaube an Jesum Christum, den Gekreuzigten. Röm. 5, 1. 2. — Röm. 4, 3–5. — Röm. 3, 23–25.

296. Wer kann Sünden vergeben?

Gott allein kann Sünden vergeben. Pf. 130, 4.

297. Will aber Gott die Sünden vergeben?

Ja; denn Gott ist barmherzig und gnädig und geduldig und von großer Gnad' und Treue, der da beweiset Gnade in tausend Glied, und vergibt Missethat, Uebertretung und Sünde. 2 Mof. 34, 6. 7.

298. Wem will Gott die Sünden vergeben?

Allen Menschen, die wahre Buße thun.

299. Was heißt Buße thun?

Buße thun heißt: die Sünden herzlich erkennen, vor Gott bekennen, und auch in gewissen Fällen vor Menschen bekennen, bereuen, hassen und lassen, und an Jesum Christum glauben.

300. Gibt es denn auch einen Menschen in der Welt, welcher der Vergebung der Sünden nicht bedürfte?

Nein, es gibt keinen, sondern alle Menschen sind Sünder, und eben deßhalb der Vergebung ihrer Sünden bedürftig.

301. Nenne mir einige Bibelstellen, in welchen bezeugt wird, daß alle Menschen Sünder sind.

David sagt: „Gehe nicht in's Gericht mit Deinem Knecht; denn vor Dir ist kein Lebendiger gerecht." Ps. 143, 2.

302. Wie drückt sich Jesaias über die Sündhaftigkeit der Menschen aus?

Er sagt: „Wir sind allesammt wie die Unreinen und alle unsere Gerechtigkeit ist wie ein unfläthig Kleid." Jes. 64, 6.

303. Was spricht der Apostel Johannes hierüber?

Er sagt: „So wir sagen, wir haben keine Sünde, so verführen wir uns selbst, und die Wahrheit ist nicht in uns. 1 Joh. 1, 8.

304. Was ist das für eine Lehre, die da behauptet, daß man es auf Erden zur völligen Vollkommenheit bringen könne?

Es ist eine falsche Lehre, welche dem ganzen Wort Gottes schnurstracks widerspricht, und den Menschen sicher und selbstgerecht macht.

305. Was ist daher für den wahren Christen der größte Trost?

Daß ihm Gott seine Sünden vergibt, und ihn um Christi willen so ansieht, als ob er heilig wäre.

306. Will denn Gott alle Sünden vergeben?

Ja, alle und jede. 1 Joh. 1, 7. — Römer 5, 20.

307. Sagt aber der Heiland nicht von einer Lästerung, die den Menschen nicht vergeben werde?

Ja. Er sagt zu den Pharisäern, welche das Teufelaustreiben des Heilandes dem Teufel zuschrieben; „Wahrlich,

ich) jage euch: Alle Sünden werden vergeben den Menschen=
kindern, auch die Gotteslästerung, damit sie Gott lästern;
aber wer den Heiligen Geist lästert, der hat keine Vergebung
ewiglich, sondern ist schuldig des ewigen Gerichts." Damit
ist eine Lästerung genannt, die nicht vergeben werde; zugleich
aber doch sorgfältig gezeigt, daß der Herr auch die schwer=
sten Sünden vergeben wolle, wo man Buße thue. Matth.
12. 31. 32. — Mark. 3, 28. 29.

308. Was ist solchen Seelen zu ihrem Trost zu sagen, die darüber
angefochten sind, sie möchten die Sünde der Lästerung gegen den
Heiligen Geist begangen haben?

Man muß ihnen hauptsächlich die vier folgenden Punkte
zu Gemüth führen:
1. Wer bekümmert darüber sei, ob er vielleicht die Sünde
wider den Heiligen Geist begangen habe, der gebe gerade
durch seine bußfertige Bekümmerniß zu verstehen, daß diese
Sünde von ihm noch nicht begangen worden. 2. Daß die
Verschuldung nicht in gotteslästerlichen Gedanken, besonders
nicht in solchen bestehe, welche sich dem Menschen wider sei=
nen Willen aufdringen, sondern daß der Heiland von einem
wirklichen Ausbruch in Lästerworte rede, wodurch Andere
noch geärgert werden. 3. Daß bei dieser Lästerung nicht
Unwissenheit und Uebereilung, sondern eine vorsätzliche Ver=
werfung aller früheren bessern Ueberzeugung zum Grunde
liege, und 4. daß mit dieser Geisteslästerung eine beharr=
liche Widerspenstigkeit gegen alle Bearbeitungen des Geistes
und gegen allen heilsamen Gebrauch der göttlichen Gnaden=
mittel verbunden ist.

309. Welches Beispiel der heiligen Schrift lehrt uns deutlich,
daß die Lästerung aus Unwissenheit vergeben werden kann?

Das Beispiel Pauli, welcher nicht nur selbst gelästert,
sondern auch Andere zum Lästern gezwungen hat; denn aber

doch Barmherzigkeit widerfahren ist, weil er es unwissend im Unglauben gethan. Apostgesch. 26, 11. — 1 Tim. 1, 13.

310. Sind wir auch gewiß versichert, daß wir Vergebung aller unserer Sünden erlangen, wenn wir Buße thun und an Christum glauben?

Ja freilich; denn Gott hat solches im Evangelium verheißen, mit einem Eidschwur betheuert, und mit der Absolution und dem heiligen Sakrament bekräftiget und vergewissert. Apostg. 13, 38. 39. — Hes. 33, 11. — Joh. 20, 23. — Apostg. 2, 38. — Matth. 26, 28.

311. Sollen wir desto freier sündigen, weil uns Gott die Sünden vergibt?

Das sei ferne. Es soll uns vielmehr antreiben, die Heiligung in der Furcht Gottes fortzusetzen. 2 Kor. 7, 1. — Römer 6, 2. — Römer 6, 6. — 1 Petri 2, 24. 25.

IV. Von der Auferstehung des Fleisches.

312. Warum sagen wir: Ich glaube eine Auferstehung des Fleisches?

Weil wir die künftige Auferstehung unserer Leiber nicht begreifen können, dessen ungeachtet aber nach der Schrift eine Auferstehung erwarten und zuversichtlich glauben. Hiob 19, 25. 26. — Joh. 11, 25. — 1 Kor. 15, 16. — Phil. 3, 21. — Luk. 20, 37. 38. — 2 Kön. 13, 21.

313. Wer wird auferstehen?

Alle Menschen, von Adam an bis auf den letzten, der am Ende leben wird, Arme und Reiche, Vornehme und Geringe, Gute und Böse, Kleine und Große. Joh. 5, 28. 29. — Off. Joh. 20, 13. — 1 Kor. 15, 51. 52.

314. Wohin kommt der Leib nach dem Tode?

In die Erde, wo er verwesen, zu Staub und Asche werden muß.

315. Wohin kommt aber die Seele nach dem Tode?

Des Menschen Seele ist unsterblich und kommt alsbald nach dem Tode entweder heim zu dem Herrn, oder in die Hölle, als den Ort der Qual. Off. 14, 13. — 2 Kor. 5, 8. — Phil. 1, 23. — Luk. 16, 23.

316. Wie kann es möglich sein, daß der Leib, welcher entweder von Vögeln, wilden Thieren, oder von Fischen im Wasser ver= zehret, oder zu Pulver verbrannt und in's fließende Wasser ge= streut worden, wieder auferstehen soll?

Wie sollte es nicht möglich sein? Bei Gott ist kein Ding unmöglich. Luk. 1, 37. — Phil. 3, 21. — Apostg. 26, 8. Off. 20, 13.

317. Wer wird denn die Todten auferwecken?

Gott der Vater sammt dem Sohn und Heiligen Geist. 2 Kor. 4, 14. — 1 Kor. 6, 14. — Joh. 5, 21. 28. — Joh. 11, 21–26. — Römer 8, 11.

318. Wie werden die Leiber der Auferstandenen beschaffen sein?

Die Leiber der Gläubigen werden herrlich und verklärt sein; die Leiber der Gottlosen dagegen werden erschrecklich sein. 1 Kor. 15, 42. 43. — Phil. 3, 21. — Jes. 66, 24. — Dan. 12, 2.

V. Vom ewigen Leben.

319. Warum bekennen wir im dritten Artikel: Ich glaube ein ewiges Leben?

Weil uns die heilige Schrift versichert, daß es ein ewiges Leben gibt und daß es mit dem Menschen im Tode nicht aus ist. Matth. 25, 46. — Joh. 10, 27. 28. — Hebr. 13, 14.

320. Was für ein Leben wird das zukünftige Leben sein?

Ein ewiges Leben, eine unendliche, vollkommene, unaussprechliche Freude und Herrlichkeit. Joh. 10, 27. 28. — Luk. 20, 36. — 1 Petri 1, 8. 9. — 1 Kor. 2, 9.

321. Worin wird solche Seligkeit und ewige Freude bestehen?

Die Auserwählten werden Gott von Angesicht zu Angesicht schauen, mit allen heiligen Engeln und Seligen Gemeinschaft haben, von allem Uebel befreit und aller himmlischen Güter vollkommen theilhaftig sein. 1 Kor. 13, 12. — Hebr. 12, 22. 23. — 2 Tim. 4, 18. — 1 Petri 1, 3. 4.

322. Was ist im Gegentheil die ewige Verdammniß?

Es ist eine unaussprechliche Pein und Qual in der Hölle, von Ewigkeit zu Ewigkeit. Off. 14, 11. — Luk. 16, 26.

323. Worin wird solche Pein und Qual bestehen?

Die Verdammten werden nicht nur auf ewig der Seligkeit und Anschauung Gottes beraubt sein, sondern auch unaussprechliche Marter an Leib und Seele ewig leiden müssen. Off. 22, 15. — Jes. 66, 24. — Marc. 9, 44. 46. 48. — Matth. 10, 15. — Luk. 20, 47.

324. Gibt es zwischen Himmel und Hölle noch einen Mittelort, ein Fegfeuer?

Nein. Das Fegfeuer ist eine Erdichtung des Papstthums. Nach der Schrift kommen die Gottlosen nach dem Tode in die Hölle, und die Frommen in den Himmel. In der Ewigkeit hat das „Läutern,“ „Reinigen“ und „Bekehren“ ein Ende. Hier ist die Gnadenzeit; heute ist der Tag des Heils. Matth. 7, 13. 14. — Pred. 11, 3. — Joh. 9, 4. — Off. 14, 13. — Luk. 23, 43.

325. Wozu sind dir die Artikel des christlichen Glaubens nützlich?

Sie nützen mir dazu, daß ich durch diesen Glauben vor Gott um Jesu willen für gerecht und heilig angenommen werde, deßgleichen, daß mir der Heilige Geist gegeben werde, daß ich durch Ihn Gott als meinen Vater anrufen und

13*

mein Leben nach Seinen Geboten einrichten möge. Sie nützen mir also zu meiner Rechtfertigung und Heiligung.

Das dritte Hauptstück des Katechismus.

Das heilige Vaterunser.

326. Welches ist das dritte Hauptstück des Katechismus?

Das Vaterunser, oder das Gebet des Herrn.

327. Was ist das Vaterunser?

Es ist ein Gebet, das der liebe Heiland Seine Jünger lehrete, und ihnen befahl, dasselbe zu beten.

328. Darf man aber sonst kein Gebet sprechen, als dieses von Christo uns zum Muster angewiesene Gebet?

Ja, man darf; aber dieses Gebet des Herrn ist das beste, vollkommenste und schönste Gebet.

329. Warum ist das Vaterunser das beste, vollkommenste und schönste Gebet?

Darum, weil es Christus selber gelehret hat, alle Bitte, Gebet, Fürbitte und Danksagung darin begriffen, auch Alles in schöne Ordnung gefasset ist. Luk. 11, 2. — Matth. 6, 9. — 1 Tim. 2, 1. — Matth. 6, 33.

330. Wann lehrte Christus Seine Jünger das Vaterunser?

Als sie Ihn baten: „Herr! lehre uns beten, wie auch Johannes seine Jünger lehrte." Luk. 11, 2.

331. Was ist das Gebet überhaupt?

Das Gebet ist ein Gespräch des Herzens mit Gott, oder eine Anrufung Gottes mit dem Herzen und dem Munde; denn wenn das Herz nicht dabei ist, so ist es ein Geplapper, und kein Gebet.

332. Wie vielerlei Arten des Gebets gibt es?

Das Gebet kann sein:

1. Eine Bitte um Gebung des Guten, oder um Abwendung des Bösen.
2. Ein Gebet, das ist: Ein Anhalten um geistliche und leib-liche Bedürfnisse.
3. Eine Fürbitte für unsere Mitmenschen.
4. Ein Dank gegen den dreieinigen Gott.

333. Wie soll man beten?

Bußfertig, demüthig, mit wahrem Glauben und in dem Namen Jesu Christi. Joh. 4, 24. — Luk. 18, 13. — 1 Mos. 18, 27. — Matth. 21, 22. — Jak. 1, 5-7. — Joh. 16, 23.

334. Wer kann erhörlich beten?

Allein die Bußfertigen und Gläubigen. Joh. 9, 31. — Spr. Sal. 28, 9.

335. Zu wem soll man beten?

Zu Gott dem Vater, Sohn und Heiligen Geist allein.

336. Darf man nicht zu jeder Person in der Gottheit besonders beten?

Ja, man darf; denn der Sohn und Heilige Geist sind ja auch Gott, wie der Vater.

337. Darf man auch die Engel, die verstorbenen Heiligen und besonders die Jungfrau Maria, anbeten?

Nein; denn sie sind unsere Mitknechte, Mitbrüder und Mitschwestern, die auch unsere Noth nicht wissen, noch uns helfen können. Off. 19, 10. — 22, 8. 9. — Jes. 63, 16. — Jer. 17, 5.

338. Dürfen wir denn die Heiligen nicht als unsere Fürbitter anrufen?

Nein; wir haben keinen andern Fürbitter, der als Mittler

zwischen Gott und die Menschen treten könnte, als Jesum Christum. 1 Joh. 2, 1. 2. — Joh. 14, 6. — 1 Tim. 2, 5. 6. — Hebr. 7, 25. — Eph. 2, 18.

339. Wann sollen wir beten?

Oftmals sollen wir beten, und zwar mit Herz und Mund. Pf. 55, 17. 18. — Dan. 6, 10. — 1 Theff. 5, 17. — Eph. 6, 18. — Luk. 18, 1 ff.

340. Wo darf man beten?

Allenthalben darf man beten. Joh. 4, 21. 23.

341. Muß aber das Gebet stets auch mit dem Mund geschehen?

Nein; das ist gerade nicht immer nöthig; denn man kann auch mit dem Herzen beten, ohne die Lippen zu bewegen. Pf. 10, 17. — Röm. 8, 26. 27.

342. Sollen wir auch für Verstorbene bitten?

Nein, durchaus nicht; denn in der Schrift ist dies nicht befohlen, hat auch keine Verheißung, auch haben wir kein einziges Beispiel in der Schrift, daß Jemand für Todte gebetet hätte.

343. Haben denn aber die Katholischen nicht Recht, wenn sie in der Messe für die Verstorbenen bitten?

Mit nichten; denn die Bücher der Makkabäer sind apokryphische und keine vom Heiligen Geist eingegebene Bücher, und sind deßhalb der heiligen Schrift nicht gleich zu achten. Die Katholischen haben aber ihr Bitten für Verstorbene aus 2 Makk. 12, 43–46., und nicht aus dem Wort Gottes.

344. Soll man stehend oder knieend beten?

Beides ist recht. Es kommt eben auf das Herz an. Wir haben in der Schrift viele Beispiele davon, daß sowohl das Stehen, als auch das Knieen beim Gebet beobachtet wurde. Das Stehen schickt sich mehr beim Loben und Danken, und das Knieen mehr bei der Bitte und Fürbitte. Das Knieen paßt auch mehr für den Hausgottesdienst, und in's stille Kämmerlein, als für den öffentlichen Gottesdienst. Luk. 18, 13. — 1 Mos. 18, 22. — Ephes. 3, 14. — Dan. 9, 18. — Matth. 26, 39.

345. Wie lautet das Vaterunser?

Vater unser! der Du bist im Himmel. Geheiliget werde Dein Name. Dein Reich komme. Dein Wille geschehe, wie im Himmel, also auch auf Erden. Unser täglich Brod gib uns heute. Und vergib uns unsere Schuld, als wir vergeben unsern Schuldigern. Und führe uns nicht in Versuchung. Sondern erlöse uns von dem Uebel. Denn Dein ist das Reich, und die Kraft, und die Herrlichkeit in Ewigkeit. Amen.

346. Aus wie vielen Theilen besteht das heilige Vaterunser?

Aus dreien, nämlich:
1) Aus der Vorrede;
2) Aus den sieben Bitten;
3) Aus dem Beschluß.

347. Wie lautet die Vorrede?

Vater unser, der Du bist im Himmel.

348. Was ist das?

Gott will uns damit locken, daß wir glauben sollen, Er sei unser rechter Vater, und wir Seine rechten Kinder, auf daß wir getrost und mit aller Zuversicht Ihn bitten sollen, wie die lieben Kinder ihren lieben Vater.

349. Wer ist hier unter dem Vater gemeint?

Der dreieinige Gott, Vater, Sohn und Heiliger Geist. Mal. 2, 10. — 5 Mos. 32, 6. — Matth. 23, 9. — Jes. 9, 3.

350. Weſſen Vater iſt Gott?

Er iſt ein Vater unſer Aller, beſonders aber der Glau=
bigen. Eph. 3, 15. — Mal. 2, 10. — Gal. 3, 26. —
Eph. 4, 6.

351. Warum ſagen wir Vater unſer, und nicht: Mein Vater?

Wir werden damit erinnert, daß wir Alle Brüder und
Schweſtern ſind, die Alle Einen Vater haben, und die in
Liebe für einander beten ſollen. 1 Petri 1, 22. — Jak.
5, 16. — Matth. 23, 8.

352. Wie heißt der Vater, zu dem wir beten?

Ein Vater im Himmel.

353. Was bedeuten die Worte: Der Du biſt im Himmel?

Die Worte wollen ſagen: Du biſt der allwiſſende, all=
gegenwärtige, allgütige und allmächtige Vater, welcher den
Thron ſeiner Herrlichkeit im Himmel hat und dort ſeine
Herrlichkeit beſonders offenbart; der aber nicht nur im Him=
mel, ſondern auch auf Erden waltet und regieret, was von
keinem leiblichen Vater kann geſagt werden. Darum ſollen
auch Deine Kinder ihren Blick nach dem Himmel richten
und alles Gute von Dir allein erwarten. Matth. 6, 32. —
Pſ. 103, 13. — 5 Moſ. 4, 7. — Pſ. 145, 18. 19. —
Pſ. 115, 3. — Pſ. 135, 6.

354. Wo findet ſich das Vaterunſer aufgezeichnet?

Matthäi im ſechsten und Lucä im eilften Kapitel.

355. Wie viele Bitten hat das Gebet des Herrn?

Sieben Bitten.

356. Um was bitten wir in den vier erſten Bitten?

Um Gebung des Guten.

357. Und um was bitten wir in den drei letzten Bitten?

Um Abwendung des Böſen.

358. Um was für Gaben bitten wir in den drei ersten Bitten?
Um geistliche und himmlische Gaben.

359. Um was bitten wir in der vierten Bitte?
Um leibliche und zeitliche Gaben.

360. Welches ist das Böse, dessen in den drei letzten Bitten gedacht wird?
Die Sünde, die Versuchung zur Sünde, und alles Uebel.

Erste Bitte.

361. Wie lautet die erste Bitte?
Geheiliget werde Dein Name.

362. Was ist das?
Gottes Name ist zwar an ihm selbst heilig; aber wir bitten in diesem Gebet, daß er auch bei uns heilig werde.

363. Wie geschieht das?
Wo das Wort Gottes lauter und rein gelehret wird, und wir auch heilig, als die Kinder Gottes, darnach leben; das hilf uns, lieber Vater im Himmel! Wer aber anders lebet und lehret, denn das Wort Gottes lehret, der entheiliget unter uns den Namen Gottes, da behüte uns für, lieber, himmlischer Vater!

364. Was ist Gottes Name?
Gott selbst mit allen seinen Eigenschaften. Joh. 17, 4. 6. — 2 Mos. 3, 13—15.

365. Auf welche Weise heiligen wir den Namen Gottes?
Wenn wir das Wort Gottes lauter und rein lehren, als Kinder Gottes auch heilig darnach leben, und Gott in allen Nöthen anrufen, Ihn loben und preisen. 5 Mos. 4, 2. — 1 Joh. 5, 10. — 1 Petri 1, 16. — Jer. 14, 7. — Pf. 103, 1. — 1 Petri 4, 11.

366. Wie wird Gottes Name aber entheiligt?

Durch falsche Lehre und Unglauben, durch Undank und gottloses Leben. Hes. 5, 6. — Römer 2, 14. — 5 Mos. 32, 5. 6. — Hosea 13, 6. — Hes. 36, 22. 23.

367. Warum bitten wir Gott um die Heiligung Seines Namens?

Weil wir von uns selbst nicht vermögen, Gottes Wort rein zu lehren, daran zu glauben und darnach zu leben. 2 Kor. 3, 5.

Zweite Bitte.

368. Wie lautet die zweite Bitte?

Dein Reich komme.

369. Was ist das?

Gottes Reich kommt wohl ohn' unser Gebet, von ihm selbst; aber wir bitten in diesem Gebet, daß es auch zu uns komme.

370. Wie geschieht das?

Wenn der himmlische Vater uns Seinen Heiligen Geist gibt, daß wir Seinem heiligen Wort durch Seine Gnade glauben, und göttlich leben, hier zeitlich und dort ewiglich.

371. Wie theilt man das Reich Gottes ein?

1. In das Reich der Herrschaft über alle Kreaturen.
2. In das Reich der Gnade, und
3. In das Reich der Herrlichkeit. Pf. 103, 19. — Kol. 1, 12–14. — Matth. 25, 24.

372. Wo befindet sich das Reich der Gnade besonders?

In der christlichen Kirche, wo der Heilige Geist durch Wort und Sakrament Unterthanen für den Herrn sammelt.

373. Wo ist das Reich der Herrlichkeit?

Nicht auf dieser Erde; denn ob es uns zwar auch bereitet

ist von Anbeginn der Welt, so wird es erst recht geoffenbaret werden bei der Erscheinung der Herrlichkeit des großen Gottes und unsers Herrn und Heilandes Jesu Christi. Matth. 25, 24.

374. Um was für ein Reich Gottes bitten wir in der zweiten Bitte?

Wir bitten, daß zunächst das Reich der Gnaden zu uns komme, dabei freuen wir uns aber zugleich auch auf die Zeit, in welcher der Herr das Reich Seiner Herrlichkeit offenbaren wird. Dan. 7, 18.

375. Warum bitten wir, daß das Reich Gottes zu uns komme?

Weil es nicht allein der Teufel und die Welt, sondern auch unser eigen Fleisch mit Macht hindern wollen.

376. Wie kommt denn Gottes Reich zu uns?

Wenn Gott des Teufels Gewalt hindert, Seine Kirche je länger je mehr ausbreitet und darin durch Sein Wort und Sakramente uns den Heiligen Geist gibt, daß wir durch dessen Gnade an Christum glauben, ihm willig und heilig dienen, und dabei auf immer weitere Ausbreitung und Offenbarung Seines Reiches im Glauben hoffen. Ps. 110, 2. 3. — Apostgesch. 28, 31. — 2 Thess. 1, 11. 12. — 1 Kor. 1, 7–9.

Dritte Bitte.

377. Wie lautet die dritte Bitte im Gebet des Herrn?

Dein Wille geschehe, wie im Himmel, also auch auf Erden.

378. Was ist das?

Gottes guter, gnädiger Wille geschieht wohl ohne unser Gebet; aber wir bitten in diesem Gebet, daß er auch bei uns geschehe.

14

379. Wie geschieht das?

Wenn Gott allen bösen Rath und Willen bricht und hindert, so uns den Namen Gottes nicht heiligen und Sein Reich nicht kommen laffen wollen, als da ist des Teufels der Welt und unsers Fleisches Wille; sondern stärket und behält uns fest in Seinem Wort und Glauben bis an unser Ende, das ist Sein gnädiger und guter Wille.

380. Um was bitten wir also in der dritten Bitte?

Um Vollbringung des Willens Gottes.

381. Was ist oder heißt Gottes Wille?

Alles, was Gott in Seinem Wort, Gesetz und Evangelio geoffenbaret und vorgeschrieben hat.

382. Welches ist der Wille Gottes nach dem Gesetz?

Daß wir nicht nur den einigen wahren Gott erkennen und lieben, sondern Ihm auch dienen und gehorchen, eifrig beten, heilig leben, und geduldig leiden sollen. Joh. 17, 3. — 5 Mos. 10, 12. — Mich. 6, 8. — Matth. 7, 21. — Luk. 11, 9. — 1 Thess. 4, 3. — Röm. 12, 2. -- 1 Petri 4, 12. — Hebr. 10, 36.

383. Welches ist der Wille Gottes nach dem Evangelio?

Daß wir an Seinen Sohn Jesum Christum glauben, und durch den Glauben an Ihn ewig selig werden. Joh. 6, 40.

384. Hat Gott auch noch einen heimlichen, verborgenen Willen in Hinsicht unserer Seligkeit?

Nein, durchaus nicht.

385. Ist es Gottes ernstlicher Wille, daß alle Menschen selig werden sollen?

Ja, freilich; denn der Heiland selbst versichert uns: Also hat Gott die Welt geliebet, daß Er Seinen eingebornen

Sohn gab, auf daß Alle, die an Ihn glauben, nicht verloren werden, sondern das ewige Leben haben. Joh. 3, 16. — 1 Tim. 2, 4. — 2 Petri 3, 9.

386. Wo soll Gottes Wille geschehen?

Auf Erden, bei uns und an allen Menschen.

387. Wie soll Gottes Wille auf Erden geschehen?

Wie im Himmel.

388. Wie geschieht Gottes Wille im Himmel?

Willig, hurtig, und mit Freuden. Dan. 7, 10.

389. Kann denn Gottes Wille von uns auf Erden geschehen, wie er im Himmel geschieht?

Obschon wir in diesem Leben den Willen Gottes nicht so vollkommen vollbringen können, so sollen wir uns doch bestreben, denselben immer williger zu vollbringen, und uns immer fertiger machen zu lassen zu allem guten Werk, zu thun Seinen Willen. Hebr. 13, 20. 21.

Vierte Bitte.

390. Wie lautet die vierte Bitte im Gebet des Herrn?

Unser täglich Brod gib uns heute.

391. Was ist das?

Gott gibt das täglich Brod auch wohl ohne unsere Bitte, allen bösen Menschen; aber wir bitten in diesem Gebet, daß Er's uns erkennen lasse, und mit Danksagung empfahen unser täglich Brod.

392. Was heißt denn täglich Brod?

Alles, was zur Leibesnahrung und Nothdurft gehört, als Essen, Trinken, Kleider, Schuh, Haus, Hof, Aecker, Vieh, Geld, Gut, fromm Gemahl, fromme Kinder, fromm Gesinde, fromme und getreue Oberherren, gut Regiment, gut Wetter, Friede, Gesundheit, Zucht, Ehre, gute Freunde, getreue Nachbarn und desgleichen.

393. Warum wird es genannt unser Brod?

Weil es unsere Speise und Nahrung ist.

(In wiefern gehören Kleider, Schuh, Haus, Hof u. s. w. zu unserem täglichen Brod? Der Lehrer nehme jeden Gegenstand besonders vor, was sehr erbaulich für Kinder und Erwachsene ist.)

394. Warum heißt es täglich Brod?

Weil wir es täglich bedürfen.

395. Was erinnert uns das Wörtlein täglich?

Daß wir mit unserer Nothdurft zufrieden sein sollen und nicht auf die Zukunft ängstlich sorgen. Wenn wir an jedem „Heute" unser Brod haben, so sollen wir zufrieden sein; denn morgen brauchen wir's vielleicht nimmer. 1 Tim. 6, 7 ff.

396. Was bedeutet das Wörtlein gib?

Es zeigt uns an, daß wir die Nahrung nicht bloß von unserer Arbeit, sondern vielmehr vom Segen Gottes durch's Gebet erlangen. Ps. 127, 1 ff.

397. Sollen wir denn nicht auch um unser Brod arbeiten?

Ja freilich; denn Gott gibt die Nahrung durch die Arbeit, wenn wir Ihn anrufen. Luk. 5, 5.

398. Gibt Gott auch den Gottlosen ihr Brod, obschon sie ihn nicht darum bitten?

Ja; denn Gott will sie damit zur Buße leiten. Wollen sie sich nicht bekehren, so straft sie Gott mit Mangel, oder gibt ihnen ihr Theil in dieser Welt. Matth. 5, 45. — Hos. 2, 8 ff. — Ps. 73, 12. — Luk. 16, 25.

399. Wie geht's aber den Frommen in Mangel und Theurung?

Gott ernähret sie wunderbar. Matth. 4, 4. — Pf. 33, 18. 19.

(Hier streue der Catechet Erzählungen aus dem Leben frommer Menschen ein, die Gott wunderbar ernährte; — sowohl biblische, als andere Erzählungen.)

Fünfte Bitte.

400. Wie lautet die fünfte Bitte im Gebet des Herrn?

Und vergib uns unsere Schulden, als wir vergeben unsern Schuldigern.

401. Was ist das?

Wir bitten in diesem Gebet, daß der Vater im Himmel nicht ansehen wolle unsere Sünden, und um derselben willen solche Bitte nicht versagen; denn wir sind deren keines werth, das wir bitten, haben's auch nicht verdienet, sondern Er wolle uns Alles aus Gnaden geben; denn wir täglich viel sündigen und wohl eitel Strafe verdienen, so wollen wir zwar wiederum auch herzlich vergeben und gerne wohl thun denen, die sich an uns versündigen.

402. Was bitten wir ab in der fünften Bitte?

Die Sündenschulden.

403. Warum werden unsere Sünden Schulden genannt?

Weil wir nicht vollkommen verrichten, was Gott in Seinen Geboten von uns fordert, und damit Seinen schweren Zorn und Strafe verschulden.

404. Wie können wir der Sündenschulden los werden?

Durch die Vergebung oder Verzeihung derselben. Pf. 32, 1. 2. — Spr. Sal. 28, 13. — Jef. 43, 24. 25. — Pf. 51, 11. — Pf. 130, 3. 4.

14*

405. Was bewegt Gott, den Menschen die Sündenschulden zu
vergeben?

Seine lautere Gnade und Barmherzigkeit und das Verdienst Jesu Christi.

406. Wie oft sollen wir Gott um Vergebung unserer Sünden
bitten?

Täglich, weil wir täglich viel sündigen und wohl eitel
Strafe verdienen.

407. Warum wird hinzugesetzt: „Als wir vergeben unsern
Schuldigern."

Damit will uns der liebe Heiland sagen: Wenn wir
Vergebung unserer Sünden bei Gott erlangen wollen, so
müssen wir unsern Nebenmenschen auch herzlich vergeben
und gerne wohlthun denen, die sich an uns versündigen; wenn
wir dies aber nicht thun wollen, so werde uns der himmlische
Vater unsere Fehler und Sünden auch nicht vergeben.
Matth. 5, 23–26. — Matth. 18, 28–35. — Luk. 6, 36–38.

408. Warum sollen wir unsern Schuldigern vergeben?

Um Gottes und Christi willen. Kol. 3, 13. — Eph. 4,
31. 32.

409. Wie oft sollen wir unsern Schuldigern vergeben?

So oft sie sich an uns versündigen.

Sechste Bitte.

410. Wie lautet die sechste Bitte im Gebet des Herrn?

Und führe uns nicht in Versuchung.

411. Was ist hier unter Versuchung verstanden?

Nicht die Versuchung Gottes zum Guten, sondern die
Versuchung des Teufels zum Bösen.

412. Wie ist also die Bitte: „Führe uns nicht in Versuchung" zu verstehen?

Diese Bitte will so viel sagen: „Laß es nicht zu, guter Gott! daß wir in die Versuchung geführet werden!"

413. Wie versucht der Teufel die Menschen?

Theils unmittelbar in eigener Person, theils mittelbar durch die Welt und unser eigenes Fleisch und Blut.

414. Worin besteht des Teufels unmittelbare Versuchung?

Der Teufel versucht, wenn er sichtbar oder unsichtbar die Menschen zum Unglauben und gottlosen Leben, oder zur Anfechtung und Verzweiflung reizet und treibet. Matth. 4, 3. — 1 Chron. 22, 1. — Joh. 13, 2. — 2 Kor. 12, 7. Eph. 6, 11. 16.

415. Wie versucht der Teufel durch die Kinder dieser Welt?

Bald durch Reizungen und Lockungen, bald durch Drohen und Schrecken, durch Verfolgungen, und besonders durch Aergernisse und böse Exempel. Spr. Sal. 1, 10. — Apg. 4, 17. 21. — Matth. 18, 7.

416. Wie versucht uns unser eigen Fleisch?

Durch Ablockung von dem Guten und Anreizung zum Bösen. Röm. 7, 22. 23. — Gal. 5, 17. — Jak. 1, 14. 15.

417. Wie werden wir vor der Versuchung des Satans, der Welt und unseres eigenen Herzens bewahrt?

Wenn uns Gott behütet und erhält, daß uns der Teufel, die Welt und unser Fleisch nicht betrüge noch verführe in Mißglauben, Verzweiflung und andere große Schand und Laster; und ob wir damit angefochten würden, daß wir doch endlich gewinnen und den Sieg behalten.

Siebente Bitte.

418. Wie lautet die siebente Bitte im Gebet des Herrn?

Sondern erlöse uns von dem Uebel.

419. Was ist das?

Wir bitten in diesem Gebet, als in der Summa, daß uns der Vater im Himmel von allerlei Uebel, Leibes und der Seele, Gutes und Ehre erlöse, und zuletzt, wenn unser Stündlein kommt, ein seliges Ende beschere, und mit Gnaden von diesem Jammerthal zu sich nehme in den Himmel.

420. Wie mancherlei ist das Uebel oder Böse, so wir in der siebenten Bitte abbitten?

Zweierlei: leiblich und geistlich.

421. Welches sind leibliche Uebel?

Krankheit, Gebrechlichkeit des Leibes, Schmerzen, Hunger, Armuth und alle andere Plagen, die dem Leibe beschwerlich sind. Römer 8, 35.

422. Welches sind geistliche Uebel?

Alles, was der Seele schädlich ist, als: des Teufels Bosheit, die Sünde, ein böses Gewissen, Unglauben, Unbußfertigkeit, Schwermuth, Verzweiflung und die ewige Verdammniß.

423. Warum sind auch die Frommen und Gläubigen in dieser Welt so viel und mancherlei Uebel unterworfen?

Es begegnet den Gläubigen nicht zur Strafe, sondern zu ihrem Besten. Röm. 8, 28.

424. Wie dient so mancher Jammer und Elend den Gläubigen zum Besten?

Es hindert die Sünde; wehret der Verdammniß; treibet zu Gottes Wort; erwecket Andacht zum Gebet; bewährt den Glauben, dämpfet den Hochmuth, und machet Verlangen

nach) dem Himmel. 1 Petri 4, 1. 2. — 1 Kor. 11, 32. —
Pf. 119, 71. — Jef. 26, 16. — Pf. 119, 67. — Phil. 1,
22. 23.

425. Was kann einen gläubigen Christen unter so mancherlei
Uebel und Anfechtung getrost und freudig machen?

Gottes väterlicher Wille, Christi Exempel und Vorbild,
sowie die gnädige Belohnung und Vergeltung im Himmel.
Hebr. 10, 36. — 1 Petri 2, 21. — Jak. 1, 12.

426. Wie darf und soll ein Christ bei so viel Uebel und Noth
beten?

Erlöse uns von dem Uebel.

427. Warum bitten wir nicht: „Erlöse mich, sondern: erlöse
uns von dem Uebel?"

Weil ein Christ nicht nur an seine eigene Noth denkt,
sondern auch die Noth der ganzen Christenheit und jedes
einzelnen Mitmenschen ihm auf dem Herzen liegt, weßhalb
er auch in dieser Bitte, wie in den sechs vorhergehenden,
durch das Wörtlein „uns" Fürbitte einlegt. 1 Kor. 12, 26.

Beschluß des Vaterunsers.

428. Wie lautet der Beschluß des Gebets des Herrn?

Denn Dein ist das Reich und die Kraft und die Herrlichkeit in Ewigkeit, Amen.

429. Wozu dient der Beschluß des heiligen Vaterunsers?

Wir stärken damit unsern Glauben und tragen Gott die
Ursache vor, warum wir die Erhörung von Ihm hoffen.

430. Welches ist der erste Grund der Erhörung unseres Gebets?

Das Reich Gottes. Weil Gott das Reich ist oder gehört,
so hoffen wir, daß Er die Bitten und Gebete Seiner gehor-
samen Unterthanen in Gnaden annehmen und gewähren
wolle. 1 Chron. 30, 11.

431. Welches ist der zweite Grund der Erhörung unseres
Gebets?

Die Kraft und Allmacht Gottes. Dieweil die Kraft,
Macht und das Vermögen bei Gott stehet, daß Er uns
geben kann, was wir bitten. Eph. 3, 20. — 1 Chron. 30,
12. — Jer. 32, 19. — Dan. 4, 31. 32. — Luk. 1, 37.

432. Welches ist der dritte Grund der Erhörung unseres Gebets?

Die Herrlichkeit Gottes. Weil die Erhörung unseres
Gebets zur Herrlichkeit, Preis und Ehre Seines göttlichen
Namens gereicht. 1 Chron. 30, 11. — Jer. 33, 9.

433. Fasse den Sinn des Beschlusses des Vaterunsers nun noch
einmal kurz zusammen!

„Dein ist das Reich, das heißt: Du willst helfen. Dein
ist die Kraft, das heißt: Du kannst helfen. Dein ist die
Herrlichkeit, das heißt: Du willst und kannst so helfen, daß
es jedesmal zu Deiner Herrlichkeit, Preis und Ruhm gereicht."

434. Wie lang währet Gottes Reich, Kraft und Herrlichkeit?

In Ewigkeit, das heißt, ohne Aufhören. Offenb. Joh.
5, 13.

485. Was heißt Amen?

Daß ich soll gewiß sein, solche Bitten sind dem Vater im
Himmel angenehm und erhöret; denn Er selbst hat uns geboten, also zu beten, und verheißen, daß Er uns wolle erhören. Amen, Amen, das heißt: „Ja, ja, es soll also
geschehen."

436. Warum schließt also das Vaterunser mit Amen?

Daß ich soll gewiß sein, solche Bitten seien dem Vater
im Himmel angenehm und erhöret.

437. Woher wissen wir, daß uns Gott gewiß erhören wolle?

Weil Er uns geboten hat, also zu beten, und weil Er

verheißen hat, daß er uns wolle erhören. Matth. 6, 9. — Luk. 11, 2. — Joh. 16, 23. — Pf. 50, 15.

438. Wie bald erhöret Gott der Gläubigen Gebet?

Die Erhörung geschiehet alsobald, die Gewährung aber zu seiner Zeit.

439. Was heißt das mit andern Worten?

Gott erhöret alle unsere Gebete, wenn wir nach Seinem Willen beten. Wenn Er uns aber nicht sogleich gibt und geben kann, was wir bitten und wie wir die Sache verstehen, so hilft Er doch so, wie Er es versteht, und wie es uns wahrhaft nützlich ist. Matth. 7, 7. 8. — Jes. 65, 24. — Matth. 18, 19. — Jak. 5, 16–18.

440. Was ist Denen zu antworten, die da sagen, sie haben auch schon oft gebetet; aber das Gebet habe ihnen nichts geholfen?

Solchen ist zu sagen, daß ihr Gebet kein gläubiges Gebet gewesen sei, und daß sie keine Erhörung ihres Gebets zu hoffen haben, so lange sie überhaupt von dem Unglauben befangen seien, in welchem sie meinen, das Gebet helfe uns nichts.

441. Sollen wir an Gottes Hilfe zweifeln, wenn Er unser Gebet oft nicht sogleich erhört?

Nein; denn Er will dadurch nur unsern Glauben prüfen, unsere Andacht erhöhen, daß wir nicht bloß bitten, sondern auch eifrig suchen, und endlich ernstlich bei Ihm anklopfen. Römer 12, 12. — Jes. 54, 7. 8. — Matth. 7, 7. 8.

442. Gibt es auf der Welt einen Menschen, der nimmer nöthig hätte, das heilige Vaterunser zu beten?

Nein, gewiß nicht; denn das Gute, um das wir im Vater unser bitten, kann sich Keiner selbst geben, und das Böse, das wir in diesem Gebet abbitten, kann Keiner selbst von sich thun, wenn Ihm Gott nicht seine Sündenlast abnimmt.

443. Wer hat das heilige Vaterunser am nöthigsten?

Der da meint, er brauche es nimmer.

444. Warum denn besonders dieser?

Weil ein solch armer Mensch sein Sündenelend nicht er-
kennt und im Selbstbetrug dahin geht, in welchem er meint,
er sei etwas, da er doch nichts ist.

445. Wen verachtet daher Derjenige, der das Vaterunser gering
achtet?

Den Herrn Jesum selbst, welcher dieses Gebet uns selber
gelehret hat. Wer von diesem Gebet des Herrn gering
denkt, der lebt in einem sehr traurigen Herzenszustand; der
mag aber auch zusehen, was Ihm der Herr sagen wird,
wenn einst Jeder Rechenschaft geben muß.

446. Wann schickt sich's besonders, das heilige Vaterunser zu
beten?

Morgens und Abends, sowie bei den öffentlichen Gottes-
diensten und an den Gräbern der Unsrigen; aber auch zu
jeder andern Zeit und Stunde kann man es beten. Wir
sind dabei an keine Zeit gebunden.

447. Was sollen wir thun, wenn Gott unser Gebet erhöret hat?

Wir sollen Ihm von Herzen danken. Ps. 50, 14. 15.

Das vierte Hauptstück des Katechismus.

Die heilige Taufe.

448. Welches ist das vierte Hauptstück des Katechismus?

Das Sakrament der heiligen Taufe.

449. Was ist ein Sakrament?

Ein Sakrament ist eine heilige Handlung, von Gott selbst

eingesetzt, in welcher er uns unter sichtbaren Zeichen unsichtbare Gnade mittheilt.

450. Wer hat die Sakramente gestiftet?

Gott, der Herr. Denn Er allein kann jene Gnade, dazu die Sakramente die Mittel und Siegel sind, geben und bekräftigen.

451. Woraus besteht ein Sakrament?

Aus etwas Irdischem und etwas Himmlischem.

452. Was ist das Irdische bei dem Sakrament?

Das äußerliche, sichtbare Zeichen, welches durch ein gewisses Wort der Einsetzung bestimmt ist.

453. Was ist das Himmlische bei dem Sakrament?

Dasjenige, was nach dem Wort der Einsetzung unter dem äußerlichen Zeichen angeboten und dargereicht wird.

454. Wie viele Sakramente waren im Alten Testament?

Es waren zwei, die Beschneidung und das Osterlamm oder Passamahl.

455. Wie viel Sakramente sind im Neuen Testament?

Auch zwei, die Taufe und das Abendmahl. 1 Mos. 17, 10 ff. — 2 Mos. 12, 3. — 1 Joh. 5, 6.

456. Welche Kirche lehrt sieben Sakramente?

Die römisch-katholische und die griechische Kirche.

457. Wie heißen sie?

Die Taufe, Firmung, Buße, Abendmahl, Ehe, Priesterweihe und letzte Oelung.

458. Wie viel Sakramente kommen bei den römisch Katholischen auf das Volk?

Sechs; denn die Priesterweihe hat das Volk nicht.

15

459. Wie viel Sakramente dagegen kommen auf die Priester?
Auch sechs; denn die Priester haben die Ehe nicht?

460. Was muß ein Sakrament haben, um ein solches zu sein?
Göttliche Einsetzung, ein irdisches Zeichen und ein himmlisches Gut.

461. Bei welchen Sakramenten treffen diese drei erforderlichen Dinge zusammen?
Bei der Taufe und dem heiligen Abendmahl.

462. Warum sind also Firmung, Ehe, Buße, Priesterweihe und letzte Oelung keine Sakramente?
Weil ihnen entweder eines der genannten Merkmale, oder alle zusammen fehlen.

(Der Catechet führe solches noch weiter aus.)

463. Ist also auch unsere Confirmation kein Sakrament?
Nein, sondern sie ist bloß die Erneuerung oder Bestätigung des Taufbundes.

464. Warum sagst du nicht Erneuerung oder Bestätigung der Taufe?
Weil ich die Taufe nicht zu erneuern brauche, sondern eine einmalige Taufe völlig hinreichend ist; Gott hält Seinen Bund; ich aber war Ihm untreu, deßhalb erneuere ich meinen Taufbund besonders bei meiner Confirmation; soll ihn aber eigentlich täglich erneuern.

465. Was gelobst du in deiner Confirmation dem dreieinigen Gott feierlich?
Ich gelobe und verspreche, Gott und der evangelischen Lutherischen Kirche treu zu bleiben bis in den Tod.

466. Warum kannst du neben der Treue gegen Gott auch die Treue zur evangelisch-Lutherischen Kirche getrost geloben?
Weil die Lutherische Kirche das Wort Gottes lauter und unverfälscht lehrt, und nichts dazu und davon thut.

467. Was würdest du aber werden, wenn du trotz deines feier=
lichen Eides die Lutherische Kirche verlassen würdest?

Ich würde ein Meineidiger gegen Gott und Sein Wort,
und würde mir dadurch Gottes Zorn zuziehen; denn eine
Kirche, die das Wort und die Sakramente so rein und lauter
hat, soll man nimmermehr verlassen.

468. Was ist bei der Confirmation also die Hauptsache?

Meine heilige Taufe, in welcher mich Gott zu Seinem
Kinde angenommen hat.

469. Was ist die Taufe?

Die Taufe ist nicht allein schlecht Wasser, sondern sie ist
das Wasser in Gottes Gebot gefasset, und mit Gottes Wort
verbunden.

470. Warum ist sie nicht schlecht Wasser?

Weil sie eine viel größere Wirkung hat, als gemeines
Wasser und das Wort Gottes und himmlische Dinge in
sich faßt.

471. Wie vielfach ist das Wort Gottes bei der Taufe?

Zweierlei: Erstens der Befehl oder die Einsetzung; zwei=
tens das Wort der Verheißung.

472. Wie lautet das Wort als Befehl und Einsetzung?

Der Herr Jesus sagt: „Gehet hin in alle Welt und
lehret alle Völker, und taufet sie im Namen des Vaters und
des Sohnes und des Heiligen Geistes." Matth. 28, 19.

473. Welches ist die Verheißung der Taufe?

„Wer da glaubet und getauft wird, der wird selig wer=
den. Marc. 16, 16.

474. Was bezeugt denn der dreieinige Gott in der Taufe?

Daß Er dem Getauften ein gnädiger Gott wolle sein,
und verzeihe ihm alle Sünden von wegen Jesu Christi, und

nehme ihn auf an Kindes Statt und zum Erben aller himmlischen Güter.

475. Wie nennt deßhalb der Apostel Paulus die heilige Taufe?

Das Bad der Wiedergeburt und die Erneuerung des Heiligen Geistes. Tit. 3, 5–8.

476. Wie nennt St. Petrus die heilige Taufe?

Den Bund eines guten Gewissens mit Gott. 1 Petri 3, 21.

477. Was macht die Taufe zur Taufe?

Die Eintauchung, Begießung oder Besprengung eines Menschen mit Wasser im Namen Gottes des Vaters, des Sohnes und des Heiligen Geistes.

478. Ist es denn völlig einerlei, ob man die Taufe durch Eintauchung, oder Begießung, oder Besprengung verrichtet?

Ja, es ist völlig einerlei; denn das griechische Wort „baptizein,“ welches mit „taufen“ übersetzt ist, bedeutet jede Art von Waschung, mag sie nun durch völliges Eintauchen in das Wasser, oder durch Begießung oder Besprengung mit Wasser geschehen. Marc. 7, 4.

479. An was hängen Diejenigen die Kraft der Taufe, die da vorgeben, die Eintauchung sei allein die rechte Art der Taufe?

An die Menge des Wassers, anstatt an den dreieinigen Gott und Seine unverdiente Gnade.

480. Ist es erlaubt, die Worte zu verändern, mit welchen Christus die Taufe eingesetzt hat?

Nein, durchaus nicht, sondern die Taufe muß jederzeit im Namen des dreieinigen Gottes geschehen.

481. Was heißt im Namen des Vaters, des Sohnes und des Heiligen Geistes taufen?

Es heißt: Auf Befehl der heiligen Dreieinigkeit und m

Anrufung derselben den Täufling mit Wasser besprengen, begießen oder eintauchen zur Vergebung der Sünden.

482. Was gibt oder nützt die Taufe?

Sie wirket Vergebung der Sünden, erlöset vom Tod und Teufel, und gibt die ewige Seligkeit Allen, die es glauben, wie die Worte und Verheißung Gottes lauten.

483. Welches sind denn solche Worte und Verheißungen Gottes?

Da unser Herr Christus spricht, Marci am letzten: „Wer da glaubet und getauft wird, der wird selig werden; wer aber nicht glaubet, der wird verdammt."

484. Wie kann Wasser solche große Dinge thun?

Wasser thut's freilich nicht, sondern das Wort Gottes, so mit und bei dem Wasser ist, und der Glaube, so solchem Worte Gottes im Wasser trauet. Denn ohne Gottes Wort ist das Wasser schlecht Wasser und keine Taufe. Aber mit dem Worte Gottes ist es eine Taufe, das ist: ein gnadenreich Wasser des Lebens, und ein Bad der neuen Geburt im Heiligen Geist, wie Sankt Paulus sagt, zu Tito am dritten Kapitel: Nach seiner Barmherzigkeit macht uns Gott selig, durch das Bad der Wiedergeburt und Erneuerung des Heiligen Geistes, welchen Er ausgegossen hat über uns reichlich durch Jesum Christum, unsern Heiland, auf daß wir durch desselben Gnade gerecht und Erben seien des ewigen Lebens, nach der Hoffnung; das ist gewißlich wahr.

485. Wie wirket die Taufe Vergebung der Sünden?

Weil wir in der Taufe den Herrn Jesum anziehen, werden alle unsere Sünden, erbliche oder wirkliche, mit Seiner Gerechtigkeit bedeckt, und mit Seinem Blut abgewaschen. Gal. 3, 26. 27. — Apostg. 2, 38.

486. Wie erlöset die Taufe vom Tode?

Weil sie die Sünde, als den Stachel des Todes, weg-

nimmt, und mit Christo Jesu vereinigt, so kann einem getauften Christen der zeitliche Tod nicht schaden, und der
ewige Tod oder die Verdammniß keine Macht an ihn haben,
sondern er lebet in Christo und Christus in ihm, und muß
ihm der zeitliche Tod zum Eingange in das ewige Leben
dienen. 1 Kor. 15, 55–57.

487. Wie erlöset die Taufe vom Teufel?

Weil wir dadurch aus dem Reich des Teufels gerissen
und in das Reich des Sohnes Gottes versetzt werden, und
den Glauben und Vergebung der Sünden erlangen, daher
der Teufel an uns keinen Anspruch mehr hat, wir aber,
kraft unseres Taufbundes, uns gegen ihn wehren und seinen
Versuchungen kräftig widerstehen können. Kol. 1, 12–14.
—1 Joh. 4, 4.

488. Wie gibt die Taufe die ewige Seligkeit?

Indem sie uns zu Kindern Gottes macht, so macht sie
uns auch zu Erben der ewigen Seligkeit; deren vollkommenen Besitz ein getaufter Christ gewiß zu hoffen hat.

489. Wo sagt das Wort Gottes ausdrücklich, daß der Herr uns
in der Taufe die Seligkeit schenke?

Im ersten Brief Petri, im dritten Kapitel, Vers 20 und
21, wo Petrus schreibt: Gott hatte Geduld zu den Zeiten
Noä, da man die Arche zurüstete, in welcher wenig, das ist,
acht Seelen, behalten wurden durch's Wasser, welches nun
auch uns selig macht in der Taufe, die durch jenes bedeutet
ist, nicht das Abthun des Unflaths am Fleisch, sondern der
Bund eines guten Gewissens mit Gott, durch die Auferstehung Jesu Christi. Römer 8, 17. — Gal. 3, 26. 27. —
Tit. 3, 5.

490. Ist die Taufe bloß ein Zeichen der Wiedergeburt, wie
Manche falsch lehren?

Nein, sondern die Taufe wird ausdrücklich im Worte

Gottes das Bad der Wiedergeburt und Erneuerung des Heiligen Geistes genannt, durch welches die Menschen von Sünden wiedergeboren und gereinigt werden, Christum anziehen und selig werden. Tit. 3, 5. — Joh. 3, 5. — Eph. 5, 26. — Gal. 3, 27. — 1 Petri 3, 21.

491. Wirkt aber nicht die Wiedergeburt der Heilige Geist?

Ja freilich; die Taufe ist nur das Werkzeug und Mittel, durch welches der Heilige Geist die Wiedergeburt in den Getauften kräftig wirket und vollbringt.

492. Werden aber Alle, die nicht getauft sind, verdammt?

Nein, es werden nicht alle Ungetauften verdammt, sondern nur Diejenigen, welche die Taufe verachten und sich aus Unglauben nicht taufen lassen. Daher auch solche Kinder, die vor ihrer Taufe sterben, dennoch selig werden, weil es ja nicht ihre Schuld war, daß sie nicht getauft wurden.

493. Was kann und soll ein Mensch thun, wenn er nach seiner Taufe in Sünden fällt?

Er kann und soll durch Buße und Bekehrung wieder in seine Taufgnade zurück gehen; denn unsere Untreue hebt Gottes Treue nicht auf. Jes. 54, 10. — 2 Tim. 2, 13.

494. Was bedeutet denn solch Wassertaufen?

Es bedeutet, daß der alte Adam in uns durch tägliche Reue und Buße soll ersäufet werden und sterben mit allen Sünden und bösen Lüsten, und wiederum täglich herauskommen und auferstehen ein neuer Mensch, der in Gerechtigkeit und Reinigkeit vor Gott ewiglich lebe.

495. Wo steht das geschrieben?

Sankt Paulus zu den Römern am sechsten spricht: Wir sind sammt Christo durch die Taufe begraben in den Tod, auf daß, gleichwie Christus ist von den Todten auferweckt durch die Herrlichkeit des Vaters, also sollen wir auch in einem neuen Leben wandeln.

496. Was verstehest du unter dem alten Adam?

Alle Sünden und bösen Lüste, welche durch den Fall Adams auf uns vererbt und uns von unsern Eltern angeboren sind. Eph. 4, 22.

497. Wie wird dieser alte Adam in uns ersäuft?

Durch tägliche Reue und Buße, wenn wir den bösen Begierden widerstehen, dieselben unterdrücken und sie nicht in wirkliche oder Thatsünden ausbrechen lassen.

498. Was ist der neue Mensch?

Der von dem Heiligen Geist wiedergeborene Mensch, der in Gerechtigkeit und Reinigkeit, das heißt: in wahrem Glauben und heiligem Leben ohne Heuchelei vor Gott ewiglich lebet. Eph. 4, 24. — Col. 3, 10.

499. Wer soll die Taufe verrichten?

Die Jünger Christi, das ist, ordentlicher Weise die Prediger des Evangeliums, die ja auch lehren. Im Nothfall darf aber jeder Christ taufen.

500. Nenne mir ein Beispiel des Neuen Testaments, das da lehrt, daß im Nothfall auch jeder Christ taufen darf!

Als Paulus von Anania, als einen gemeinen Christen, getauft worden ist. Apostg. 9, 17–19.

501. Wen soll man lehren und taufen?

Alle Völker, das ist, alle und jede Menschen.

502. Soll man auch kleine Kinder taufen?

Ja freilich; denn

Erstens: Jesus sagt: „Lasset die Kindlein zu Mir kommen und wehret ihnen nicht; denn Solcher ist das Reich Gottes." Marci 10, 14.

Zweitens: Der Heiland sagt: „Lehret alle Völker und taufet sie." Zu einem Volk gehören aber auch die Kinder Soll man nun alle Völker taufen, so soll man auch die Kinder taufen.

Drittens: Weil auch kleine Kinder schon glauben können, wie der Herr Jesus selbst bezeugt, wenn Er sagt: „Wer aber ärgert dieser Geringsten Einen, die an mich glauben." Matth. 18, 6.

Viertens: Weil auch auf Kinder schon der Heilige Geist kommen kann, wie deutlich zu lesen ist von Johannes dem Täufer, der schon in Mutter Leibe den Heiligen Geist bekam. Luk. 1, 15.

Fünftens: Weil die Apostel ganze Familien tauften, unter denen gewiß auch Kinder waren.

Sechstens: Weil wir es gewiß wissen, daß man schon in der ersten christlichen Kirche Kinder getauft hat. Ja selbst der Apostel Johannes erzählte dem Bischof Polykarpus von Smyrna, daß er Kinder getauft habe.

Siebentens: In der Beschneidung wurden die Israelitischen Kinder schon am achten Tage in den Bund mit Gott aufgenommen; da nun an die Stelle der Beschneidung die heilige Taufe trat, so soll man im Neuen Bunde die Kinder so bald als möglich taufen.

Achtens: Weil Gott keinen vollkommenen, völlig sich bewußten Glauben verlangt, sondern auch dem noch unentwickelten Glauben der Kinder zur Hilfe kommt.

Neuntens: Weil die Kinder nicht unschuldig sind vor Gott, wie viele Lehrer falsch lehren, sondern mit der Erbsünde behaftet auf die Welt kommen, darum der Wiedergeburt der heiligen Taufe bedürftig sind. Ps. 51, 7. — Joh. 3, 6.

Zehntens: Weil der Herr Jesus versichert, den Kindern

gehöre das Himmelreich). Da man aber ohne Glauben nicht selig werden kann, so müssen die Kinder fähig sein, zu glauben, sonst kämen sie nicht in das Himmelreich. Folglich, da den Kindern das Himmelreich gehört, so gehört ihnen auch das Siegel ihrer Seligkeit, die heilige Taufe.

503. **Für was halten Diejenigen die heilige Taufe, welche gegen die Kindertaufe sind?**

Für ein Verdienst von Seiten des Menschen, und nicht für eine Gnade des dreieinigen Gottes.

504. **Was heißt das mit andern Worten?**

Sie glauben nicht, daß der Herr uns in der Taufe die Seligkeit schenke, sondern sie halten die Taufe bloß für ein Zeichen und Zeugniß, daß sie gläubig seien.

505. **Was ist Denen, die gegen die Kindertaufe sind, zu erwiedern?**

Daß jede Erwachsenentaufe eine Kindertaufe sein müsse, weil wir Alten ja wie die Kinder werden müssen, wenn wir in das Himmelreich kommen wollen.

506. **Was ist auf die leichtsinnige Rede Derjenigen zu antworten, welche sagen, die Kindertaufe sei „für Nichts?"**

Solchen ist an dem großen Haufen der Männer Gottes, die in ihrer Kindheit getauft wurden, zu zeigen, daß sie in grober Unwissenheit und im Unglauben stecken. Man kann ihnen zum Beispiel sagen: „Luther ist am 10ten November geboren und am folgenden Tage schon getauft worden. Wäre dieser Mann ein solch herrliches Werkzeug Gottes geworden, wenn seine Taufe „für Nichts" gewesen wäre?" — Und so können wir noch Hunderte von Männern Gottes anführen, die alle in ihrer frühen Kindheit getauft wurden. Dies ist ein guter Beweis für den Segen der Kindertaufe.

507. Kommt denn aber der Glaube nicht aus der Predigt des Wortes Gottes?

Ja wohl, der Glaube kommt aus der Predigt; aber nicht nur durch das Hörbare, sondern auch durch das Sichtbare Wort, dergleichen die heilige Taufe und das heilige Abend- mahl ist.

508. Ist es unumgänglich nothwendig, daß man bei der Taufe auch Pathen hat?

Es ist nicht unumgänglich nöthig; aber es ist eine schöne alte Sitte, die man mit Recht beibehalten soll; denn

Erstens: Die Pathen sollen für ihre Täuflinge beten;

Zweitens: Sie sollen Zeugen der empfangenen Taufe sein, weil alle Sache bestehe auf zweier oder dreier Zeugen Mund. Matth. 18, 16.

Drittens: Sie sollen in Gemeinschaft mit den Eltern die Täuflinge helfen in der Furcht Gottes erziehen.

509. Was für Menschen soll man aber bloß zu Taufpathen wählen?

Solche, die Glieder der Kirche sind und sich als wahre Christen beweisen.

510. Darf die Taufe bloß in der Kirche Statt finden?

Am Schicklichsten und Feierlichsten ist es, wenn die Taufe in der öffentlichen Versammlung der Kirche Statt findet; sie darf aber auch an andern Orten vollzogen werden. 1 Cor. 14, 40.

511. Was sollten sich die Eltern und Pathen bei dem Namen- geben für den Täufling besonders merken?

Daß sie die Namen nicht im Leichtsinn, und ohne die Bedeutung derselben zu wissen, geben, sondern sie sollten in der Furcht Gottes mit einander berathen, welcher Name mit seiner Bedeutung auf das Kind wohl am besten passe.

Fünftes Hauptstück des Katechismus.

Das Sakrament des Altars oder das heilige Abendmahl

512. Warum nennt man das heilige Abendmahl auch das Sakrament des Altars?

Weil man es von Alters her in der christlichen Kirche auf einem Altar zu feiern pflegte.

513. Warum heißt dieses Sakrament Abendmahl?

Weil es der Heiland an dem letzten Abend seines Lebens eingesetzt hat.

514. Wie wird dieser Abend genannt?

Der Gründonnerstagabend.

515. Was ist das Sakrament des Altars?

Es ist der wahre Leib und das wahrhaftige Blut unsers Herrn Jesu Christi unter dem Brod und Wein, uns Christen zu essen und zu trinken von Christo selbst eingesetzt.

516. Wo steht das geschrieben.

So schreiben die heiligen Evangelisten Matthäus, Markus, Lukas und Sankt Paulus:

Unser Herr Jesus Christus in der Nacht, da er verrathen ward, nahm er das Brod, dankte und brach's, und gab's seinen Jüngern und sprach: Nehmet hin und esset, das ist mein Leib, der für euch gegeben wird. Solches thut zu meinem Gedächtniß.

Desselbigen gleichen nahm er auch den Kelch, dankete und gab ihnen den und sprach: Nehmet hin und trinket Alle daraus; dieser Kelch ist das neue Testament in Meinem Blut, das für euch vergossen wird zur Vergebung der Sünden. Solches thut, so oft ihr's trinket, zu Meinem Gedächtniß.

517. Wer ist der Stifter des heiligen Abendmahls?

Jesus Christus, unser Heiland.

518. Wie haben wir Jesum, den Stifter des heiligen Abend=
mahls, bei der Einsetzung anzusehen?

Als allmächtigen Gott, der gar wohl leisten kann, was
Er versprochen, wenn es auch unserer Vernunft unglaublich
und unmöglich scheint. Wir haben Ihn ferner anzusehen
als unsern Herrn, bei dessen Verordnungen wir genau und
unaussetzlich bleiben müssen. Ferner: als einen allweisen
Lehrer, welcher wohl wußte, wie er verständig reden sollte.
Endlich haben wir Ihn anzusehen als einen gütigen Heiland,
der uns nicht durch zweifelhafte, verblümte, figürliche und
verschraubte Reden in Gefahr des Irrthums hat stürzen
wollen.

519. Warum müssen wir die Worte: „Wahrer Leib" und
„wahrhaftiges Blut" besonders hervorheben?

Weil die reformirte Kirche und die Sekten lehren, daß
im Abendmahl nicht der wahre Leib und das wahrhaftige
Blut Jesu Christi enthalten sei.

520. Warum aber glauben wir, daß im Abendmahl wirklich der
wahre Leib und das wahrhaftige Blut Jesu Christi enthalten sei?

Weil der Herr Jesus sagt: „Das ist mein Leib," „das
ist mein Blut!" In einer so hochheiligen Sache wollte uns
der Herr gewiß nichts Anderes sagen, als was Er meinte.

521. Welches ist die Zwinglianisch reformirte Lehre vom Abend=
mahl?

Nach Zwingli bedeutet das Abendmahl bloß Leib und
Blut Jesu Christi; ist also ein bloßes Gedächtnißmahl des
Todes Jesu Christi.

522. Was ist hierauf zu sagen?

Wäre das Abendmahl bloß ein Gedächtnißmahl des

16

Todes Jesu, so könnten wir ja bei jeder Mahlzeit an den Tod Jesu gedenken. Wir sollen uns des blutigen Opfertodes Jesu Christi alle Tage erinnern, nicht nur beim heiligen Abendmahl.

523. Welches ist die Calvinisch reformirte Lehre vom Abendmahl?

Calvin lehrte: „Im Abendmahl genieße man zwar Leib und Blut Jesu; aber bloß geistlicherweise im Glauben. Man müsse sich im Geiste gen Himmel schwingen, und gleichsam im Himmel Abendmahl mit dem Herrn halten.

524. Was ist dagegen zu sagen?

Daß der Herr Jesus nicht in den Himmel beschränkt ist, sondern vermöge Seiner Allgegenwart überall sein kann, also auch überall, wo das heilige Abendmahl ausgetheilt wird, sich uns selbst mittheilen kann.

525. Welches ist die katholische Lehre von dem heiligen Abendmahl?

In der katholischen Kirche wird gelehrt, daß sich während der Einsegnung des heiligen Abendmahls durch den Priester das Brod in den Leib und der Wein in das Blut Christi verwandle.

526. Wie lautet dagegen unsere Abendmahlslehre?

„Brod bleibt Brod, und Wein bleibt Wein; aber in, mit und unter Brod und Wein essen und trinken wir den wahren Leib und das wahrhaftige Blut Jesu Christi, wie Paulus sagt: „Der gesegnete Kelch, welchen wir segnen, ist der nicht die Gemeinschaft des Blutes Christi? Das Brod, das wir brechen, ist das nicht die Gemeinschaft des Leibes Christi?" 1 Corinth. 10, 16.

527. Mache mir diese Lehre in einem Beispiele anschaulich!

Wie ein Kranker, welchem man eine Arznei in Wasser

zibt, nicht nur das Wasser, sondern Arznei und Wasser bekommt, also bekommen wir im Abendmahl nicht nur Brod und Wein, sondern mit denselben auch den Leib und das Blut Jesu Christi.

528. Können wir begreifen, wie dies zugeht?

Nein, durchaus nicht; aber eben deßhalb müssen wir es um so fester glauben; denn was wir begreifen, brauchen wir nicht zu glauben.

529. Wäre es denn nicht genug, wenn wir bloß das Brod, also den Leib, empfingen, da ja kein Leib ohne Blut ist?

Nein. Christus hat verordnet, mit und in dem Brod Seinen Leib zu essen, und mit und in dem Wein Sein Blut zu trinken, die Apostel haben es so empfangen und die erste christliche Kirche hat es also beibehalten. Matth. 26, 27. — Marc. 14, 23. — 1 Kor. 10, 16. — 1 Kor. 11, 23. 28.

530. In welcher Kirche bekommt das Volk bloß das Brod und nicht auch zugleich den Kelch?

In der römisch-katholischen Kirche.

531. Welchen Grund führen sie für diese Kelchentziehung an?

Sie sagen, der Heiland habe bloß Seinen Jüngern, also den Predigern, — den Kelch gegeben.

532. Was ist dagegen einzuwenden?

Daß der Heiland auch das Brod bloß Seinen Jüngern gegeben habe.

533. Welcher andere Grund wird für die Kelchentziehung angegeben?

Sie geben vor, es könnte etwas von dem Blute Jesu verschüttet werden.

534 Was ist hierauf zu erwiedern?

Nicht mit den Tropfen Wein, der verschüttet wird, verbindet sich das Blut Jesu, sondern mit dem, der getrunken wird.

535. Wozu ist das heilige Abendmahl gegeben?

Zum Essen und Trinken, und nicht zum Anschauen, zum Herumtragen, zum Opfern, zum Anbeten und zum Einschließen, wie bei den Römischen geschieht.

536. Soll man Hostien oder Brod beim heiligen Abendmahl austheilen?

Ob Hostien oder Brod, ist einerlei; da aber nach alter Sitte die Hostien in der Lutherischen Kirche gebraucht werden, so geben wir denselben den Vorzug, da sie ja auch, wie das gewöhnliche Brod, aus Mehl bereitet sind.

537. Soll Brod und Wein mit den Händen, oder unmittelbar mit dem Munde genommen werden?

Die Art und Weise des Nehmens macht es nicht aus; aber das Nehmen, Essen und Trinken mit dem Munde ist allerdings nöthig. In der Lutherischen Kirche ist es aber gewöhnlich Sitte, daß Brod und Wein unmittelbar mit dem Munde genommen werden.

538. Soll zum Abendmahl rother oder weißer Wein genommen werden?

Dies ist im Grund einerlei, jedoch, da der rothe Wein der Farbe des Blutes entspricht, ist es zweckmäßiger, rothen Wein zu nehmen, da ohnehin manche schwache Gemüther sich stoßen und ärgern könnten, wenn weißer Wein genommen würde. Wein freilich muß es sein; allein die Farbe desselben ist dabei Nebensache.

539. Wozu dient uns das heilige Abendmahl, oder, um mit dem Katechismus zu reden: „Was nützet denn solch Essen und Trinken?"

Das zeigen uns die Worte: Für euch gegeben und ver-

goffen zur Vergebung der Sünden. Nämlich, daß uns im
Sakrament Vergebung der Sünden, Leben und Seligkeit
durch solche Worte gegeben wird; denn wo Vergebung der
Sünden ist, da ist auch Leben und Seligkeit.

540. Wie zeigen die Worte: „Für euch" diesen Nutzen an?

Sie vergewissern einen Jeden, der das heilige Abendmahl empfähet, daß Christi Leib und Blut auch für ihn sei
dahin gegeben.

541. Warum gehest du also zum heiligen Abendmahl?

Daß ich meinen Glauben an meinen Herrn Jesum
Christum stärke und durch Genießung Seines Leibes und
Blutes meine hungrige und durstige Seele labe und er-
quicke.

542. Wie kann leiblich Essen und Trinken solche große Dinge
thun?

Essen und Trinken thut's freilich nicht, sondern die Worte,
so da stehen: „Für euch gegeben und vergossen zur Vergebung
der Sünden," welche Worte sind neben dem leiblichen Essen
und Trinken als das Hauptstück im Sakrament, und wer
denselben Worten glaubet, der hat, was sie sagen und wie
sie lauten, nämlich: Vergebung der Sünden.

543. Wer also geht allein zum Segen und Heil zum heiligen
Abendmahl?

Wer da von Herzen glaubt, daß Leib und Blut Jesu im
Abendmahl uns zur Stärkung des Glaubens, zum Trost
des Gewissens und der Versicherung der Vergebung der
Sünden diene, und daß wir dadurch auch angetrieben wer-
den, dem Herrn Jesu unser Leben zu weihen und uns der
Heiligung zu befleißigen.

544. Wer empfähet denn solch Sakrament würdiglich?

Fasten und leiblich sich bereiten ist wohl eine feine äußer-
16*

liche Zucht; aber der ist recht würdig und wohl geschickt, der den Glauben hat an diese Worte: „Für euch gegeben und vergossen zur Vergebung der Sünden." Wer aber diesen Worten nicht glaubet, oder zweifelt, der ist unwürdig und ungeschickt; denn das Wort: „Für euch" erfordert eitel gläubige Herzen.

545. Was heißt: Fasten und leiblich sich bereiten?

Wenn man vor dem heiligen Abendmahl sich nüchtern und mäßig verhält, und dann beim heiligen Mahle in anständigen Kleidern und mit demüthigem Herzen und Geberden erscheint.

546. Welches sind also würdige Abendmahlsgäste?

Die gläubigen, gnadenhungrigen und bußfertigen Seelen.

547. Welches sind die Unwürdigen?

Die Unbußfertigen und Ungläubigen.

548. Sind auch die Schwachgläubigen zu diesen unwürdigen Gästen zu rechnen?

Nein; denn denen ist ja gerade das heilige Abendmahl zum Trost eingesetzt, wodurch sie Christus im Glauben stärken und ihnen ein Pfand Seiner Liebe, Erlösung und Gnade darreichen will. Er bezeugt solchen Seelen, daß Er das zerstoßene Rohr nicht zerbrechen, und das glimmende Docht nicht auslöschen wolle.

549. Soll man Solche zum Abendmahl lassen, von denen wir gewiß wissen, daß sie unbußfertig sind?

Nein; denn sie würden sich ja Leib und Blut Jesu zum Gericht genießen.

550. Wer sagt das?

Der Apostel Paulus, welcher an die Korinther schreibt: „Denn welcher unwürdig isset und trinket, der isset und

trinket ihm selber das Gericht, damit, daß er nicht unter=
scheidet den Leib des Herrn." 1 Kor. 11, 29.

551. Empfangen denn die Unwürdigen auch Leib und Blut
Jesu im heiligen Abendmahl.

Ja freilich; aber eben, weil sie nicht unterscheiden den
Leib des Herrn, so genießen sie ihn auch nicht zur Vergebung
der Sünden, sondern zum Fluch und Gericht. 1 Kor. 11,
27--29.

552. Wem soll das heilige Abendmahl gereicht werden?

Allen Christen, die sich selbst prüfen können, bei gesundem
Verstande sind, und in würdiger Gemüths=Verfassung stehen.
Matth. 7, 6. — 1 Kor. 11, 28.

553. Wo soll das heilige Abendmahl gehalten werden?

In dem Hause Gottes vor versammelter Gemeinde, am
Altar des Herrn. Aber man darf es auch an andern Orten
austheilen, zum Beispiel an Krankenbetten, und wenn eine
Gemeinde noch keine Kirche hat.

554. Wie oft soll ein Christ zum heiligen Abendmahl gehen?

Oft soll ein Christ zum Abendmahl gehen; denn wer
seinen Heiland liebt, der wird sich auch oft an Seiner Gna=
dentafel von ihm speisen und tränken lassen.

555. Was gibt ein Mensch, welcher selten zum heiligen Abend=
mahl geht, dadurch zu erkennen?

Daß er keine Liebe zum Heiland hat, oder daß er sich
reich und satt dünkt und spricht: „Ich darf nichts!" und
weiß nicht, daß er ist elend, arm, jämmerlich, blind und bloß.
Off. Joh. 3, 17.

556. Warum sollen wir uns recht oft bei dem Tisch des Herrn
einfinden?

1. Weil unser Glaube gar oft klein und schwach ist, und
der Stärkung bedarf.

2. Weil wir immer wieder des Trostes der Vergebung der Sünden bedürfen.

3. Weil wir beim heiligen Abendmahl zugleich Zeugniß ablegen, daß wir Anhänger Jesu seien.

4. Weil wir da immer wieder auf's Neue des Herrn Jesu Tod verkündigen und Seiner in Liebe gedenken.

5. Weil wir des Antriebs und der Kraft zur Besserung unseres Lebens bedürfen.

6. Weil wir beim heiligen Abendmahl jedesmal wieder erinnert werden, daß wir Alle Brüder und Schwestern seien, die einander herzlich lieben sollen.

557. Was für ein Mahl ist demnach das heilige Abendmahl?

Es ist erstens: Ein Versöhnungsmahl „zur Vergebung der Sünden."

Zweitens ist es ein Gedächtnißmahl des Opfertodes Jesu.

Drittens ist es ein Liebesmahl.

558. Was sind wir dem Herrn für die Einsetzung des heiligen Abendmahls und nach jedesmaligem Genuß desselben schuldig?

Daß wir von Herzensgrund Ihm Dank sagen für dieses herrliche Unterpfand Seiner unaussprechlichen Liebe zu uns, und daß wir uns eines gottseligen Wandels vor Ihm befleißigen, damit wir einst auch das himmlische Abendmahl mit Ihm feiern dürfen.

Vom Amt der Schlüssel und der Beichte.

559. Was ist das Amt der Schlüssel?

Das Amt der Schlüssel ist die besondere Kirchengewalt, die Christus Seiner Kirche auf Erden hat gegeben, den bußfertigen Sündern die Sünde zu vergeben, den Unbußfertigen aber die Sünde zu behalten, so lange sie nicht Buße thun.

560. Wie viele Schlüssel gibt es also?

Zwei: Den Bindeschlüssel und den Löseschlüssel.

561. Was ist der Bindeschlüssel?

Es ist die Vollmacht, die der Herr Seiner Kirche, und besonders den berufenen Dienern am Worte, gegeben hat, den Unbußfertigen ihre Sünden zu behalten, das heißt: ihnen zu verkündigen und zu sagen, daß der Herr ihnen ihre Sünden nicht vergeben habe, sondern ihnen dieselben so lange behalte und anrechne, so lange sie in ihrer Unbußfertigkeit verharren. Solche Verkündigung geschieht im Namen des dreieinigen Gottes.

562. Was ist der Löseschlüssel?

Die Vollmacht, den Bußfertigen ihre Sünden zu vergeben, das heißt: ihnen im Namen Gottes zu verkündigen und zu sagen, daß der Herr ihnen ihre Sünden vergeben habe, weil sie Buße gethan haben und sich bessern wollen.

563. Wie lauten die Einsetzungsworte unseres Herrn Jesu Christo von der Beichte?

So schreibt der heilige Evangelist Johannes im 20. Kapitel: „Der Herr blies seine Jünger an und sprach zu ihnen: Nehmet hin den Heiligen Geist, welchen ihr die Sünden erlasset, denen sind sie erlassen, und welchen ihr sie behaltet, denen sind sie behalten."

564. Was glaubest du bei diesen Worten?

Ich glaube, was die berufenen Diener Christi aus Seinem göttlichen Befehl mit uns handeln; sonderlich, wenn sie die öffentlichen und unbußfertigen Sünder von der christlichen Gemeine ausschließen, und die, so ihre Sünde bereuen und sich bessern wollen, wiederum entbinden, daß es also kräftig und gewiß sei, auch im Himmel, als handelte es unser lieber Herr Christus mit uns selber.

565. Darf Jedermann unberufener Weise das Amt der Schlüssel handhaben?

Nein; denn nur die berufenen Diener der Kirche sollen öffentlich lehren oder predigen, oder Sakramente reichen; darum soll Niemand unberufener Weise das Amt der Schlüssel verwalten, wie deutlich gelehret ist in den nach= folgenden Schriftstellen. Römer 10, 15. — 1 Kor. 12, 29. — Jak. 3, 1. — Jer. 23, 21. — Ebr. 5, 4.

566. Wer sind ordentliche Kirchendiener?

Es sind die rechtmäßig berufenen Prediger des Evan= geliums, die auch die Verwalter der heiligen Sakramente sind.

567. Wer hat das Recht, die Prediger des Evangeliums zu berufen?

Die ganze Kirche und Gemeinde des Herrn.

568. Wem hat Christus die Schlüssel des Himmelreichs gegeben?

Nicht nur dem Apostel Petrus, sondern auch den übrigen Jüngern sammt allen ihren getreuen Nachfolgern in dem heiligen Predigtamte. Matth. 16, 19. — Matth. 18, 18.

569. Was für eine Kraft hat das Binden und Lösen im Namen Gottes?

Es hat göttliche Kraft, das heißt: Was auf Erden ge= bunden oder gelöst wird, das wird auch im Himmel gebun= den oder gelöst; denn die Prediger handeln ja im Namen des dreieinigen Gottes.

570. Wie gibt Christus solche Gewalt in's Predigtamt?

Durch den Heiligen Geist; denn Er sprach: „Nehmet hin den Heiligen Geist!" Joh. 20, 22. 23. — Apostg. 20, 28.

571. Wie soll man sich gegen das Predigtamt verhalten?

Wir sollen ihr Wort, als Gottes Wort, anhören und an= nehmen; denn der Herr sagt zu Seinen Jüngern: „Wer

euch) höret, der höret mich, und wer euch verachtet, der ver=
achtet mich." Luk. 10, 16. — 4 Mos. 12, 8. — 2 Kor.
5, 10.

572. Soll man die Prediger in Allem hören und ihr Wort an=
nehmen?

Ja, so lange und sofern sie Gottes Wort lauter und rein
predigen. Mal. 2, 7.

573. Wie geht es Denen, die das Predigtamt verachten und sie
nicht hören wollen?

Sie laden auf sich Gottes schweren Zorn und Strafen,
denn der Herr sagt, wer seine Diener verachte, der verachte
Ihn selbst. Luk. 10, 16.

574. Was für Nutzen hat man aus fleißiger Anhörung des
Wortes Gottes?

Selig sind, die Gottes Wort hören und bewahren. Luk.
11, 28.

575. Wie nennt man den Löseschlüssel auch sonst?
Die Absolution.

576. Und wie wird der Bindeschlüssel auch sonst genannt?
Der Ausschluß von dem Abendmahl oder der Gemein=
schaft der Kirche.

577. Wie lange währt dieser Ausschluß oder Bann?
Bis die betreffende Person Buße thut.

578. Ist ein solcher Ausschluß oder Bann dem Worte Gottes
gemäß?

O ja; denn schon in der ersten christlichen Kirche wurden
ärgerliche und unbußfertige Sünder aus der bisherigen Ge=
meinschaft mit der Kirche im Namen der ganzen Gemeinde
ausgeschlossen. 1 Kor. 5, 11. — 5, 13.

579. Wenn aber solch ein Ausgeschlossener sich bekehrte, wie wurde es dann gehalten?

Er wurde mit Beistimmung der Gemeinde wieder aufgenommen. 2 Kor. 2, 6 ff.

580. Darf ein Prediger den Ausschluß an einem Gliede eigenmächtig und willkürlich vollziehen?

Nein, sondern er muß die drei Ermahnungsstufen, wie sie vom Heiland selbst vorgeschrieben sind, genau mit einem solchen Gliede durchmachen.

581. Wo finden ich diese drei Stufen der Ermahnung aufgezeichnet?

Im Evangelium Matthäi, im 18. Kapitel, wo es vom 15. bis 18. Vers also lautet: „Sündiget aber dein Bruder an dir, so gehe hin und strafe ihn zwischen dir und ihm alleine. Höret er dich, so hast du deinen Bruder gewonnen. Höret er dich nicht, so nimm noch Einen oder Zween zu dir, auf daß alle Sache bestehe auf zweier oder dreier Zeugen Munde. Höret er die nicht, so sage es der Gemeine; höret er die Gemeine nicht, so halte ihn als einen Heiden und Zöllner."

582. Wo wird die Absolution gesprochen?

In der Beichte.

583. Was ist die Beichte?

Die Beichte begreift zwei Stücke in sich: Eines, daß man die Sünde bekenne; das Andere, daß man die Absolution oder Vergebung vom Beichtiger empfahe, als von Gott selbst, und ja nicht daran zweifle, sondern fest glaube, die Sünden seien dadurch vergeben vor Gott im Himmel.

584. Welche Sünden soll man denn beichten?

Vor Gott soll man sich aller Sünden schuldig geben, auch die wir nicht erkennen, wie wir im Vater Unser thun. Aber vor dem Beichtiger sollen wir allein die Sünden bekennen, die wir wissen und fühlen im Herzen.

585. Welche sind die?

Da siehe deinen Stand an, nach den zehn Geboten, ob du Vater, Mutter, Sohn, Tochter, Herr, Frau, Knecht, Magd seiest, ob du ungehorsam, untreu, unfleißig, zornig, unzüchtig, hässig gewesen seist? Ob du Jemand leid gethan hast mit Worten oder Werken? Ob du gestohlen, versäumet, verwahrloset, oder Schaden gethan hast?

586. Wenn nun Einer seine Sünden vor dem Beichtiger aufrichtig bekennen möchte, was hat er da zuerst zu thun?

Er hat seinen Stand nach den zehn Geboten anzusehen, und sich genau in dem Spiegel des Gesetzes zu beschauen und zu prüfen, gegen welche Gebote er sich besonders versündiget habe.

587. Wenn du nun nach solcher Prüfung Sünden gefunden hast, die dich drücken und die du fühlest im Herzen, was thust du alsdann?

Dann beichte ich meinem Beichtiger, was ich weiß und fühle, und offenbare ihm meinen Herzenszustand; denn so lange ich diese Lieblingssünden, die mich drücken, nicht bekennen würde, so lange wäre es ein Beweis, daß ich sie noch liebe und gerne im Herzen hege.

588. Wenn du aber nicht viele Sünden findest, mußt du dann sorgen oder Sünden erdichten?

Nein, ich sorge nicht; ich suche und erdichte keine Sünde; ich mache keine Marter aus der Beichte, sondern ich erzähle eine oder zwei, die ich weiß.

589. Wenn du aber gar keine Sünde fändest?

Ich werde leider allezeit Sünden in Gedanken, Worten und Werken genug finden, wenn ich mich vor Gott aufrichtig prüfe, darum antworte ich mit dem Katechismus: Keine Sünde zu finden, wird nicht wohl möglich sein.

17

V.

Glaubensbekenntniß,

welches

von den Confirmanden in öffentlicher Gemeinde am
Confirmationstag abgelegt werden kann.

———

1. Frage. Was soll eines Menschen vornehmste Sorge sein in
diesem Leben?

Antwort. Daß er haben möge eine gewisse Hoffnung des
ewigen Lebens; wie Christus sagt: Matth. 6, 33. Trachtet
am ersten nach dem Reich Gottes und nach seiner Gerechtig=
keit, so wird euch das Uebrige alles zufallen.

2. Frage. Kann denn nicht ein jeder Mensch diese Hoffnung
haben?

Antw. Niemand, als allein ein wahrer Christ; nach dem
Spruch Christi: Es werden nicht Alle, die zu mir sagen:
Herr, Herr, in das Himmelreich kommen, sondern die den
Willen thun meines Vaters im Himmel. Matth. 7, 21.

3. Frage. Wer bist du denn?

Antw. Ich bin ein Christ.

4. Frage. Was macht uns zu Christen?

Antw. Nicht die leibliche Geburt von Christen, oder die
äußerliche Gemeinschaft mit Christen, sondern der Glaube
an Christum und die Taufe auf Christum.

5. Frage. Bist du in deiner Kindheit auch getauft worden?

Antw. Ja, ich bin getauft worden in dem Namen Gottes,

des Vaters, des Sohnes und des Heiligen Geistes. Dem heiligen, dreieinigen Gott sei für diese unaussprechliche Wohlthat Lob und Dank gesagt in Zeit und Ewigkeit.

6. Frage. Was ist die Taufe?

Antw. Die Taufe ist nicht allein schlecht Wasser, sondern sie ist das Wasser, in Gottes Gebot gefasset, und mit Gottes Wort verbunden.

7. Frage. Womit bist du getauft?

Antw. Mit Wasser und Geist; nach dem Spruch Christi: Es sei denn, daß Jemand von neuem geboren werde aus Wasser und Geist, so kann er nicht in das Reich Gottes kommen. Joh. 3, 5.

8. Frage. Was haben wir für einen Nutzen von der Taufe?

Antw. Sie wirket Vergebung der Sünden, erlöset vom Tod und Teufel, und gibt die ewige Seligkeit Allen, die es glauben, wie die Worte und Verheißung Gottes lauten.

9. Frage. Wie beschreibt das Wort Gottes die Taufe?

Antw. Als den Bund eines guten Gewissens mit Gott. 1 Petri 3, 21.

10. Frage. Hat also Gott in der heiligen Taufe einen Bund mit dir gemacht?

Antw. Ja; denn er, der große Gott, hat mir versprochen, mein gnädiger Gott und Vater zu sein; ich aber habe abgesagt dem Teufel und all seinem Werk und Wesen, der Pracht und Eitelkeit der gottlosen Welt, und allen sündlichen Lüsten des Fleisches, und hingegen mich verpflichtet, Gott und meinem Herrn Jesu zu dienen mein Lebenlang.

11. Frage. Was fordert dieser Taufbund also von dir?

Antw. Eine ewige, kindliche Treue, wie auch Gott nach demselben mir ewig getreu verbleiben und alle seine Ver-

heißungen pünktlich erfüllen will, daß ich demnach solchen
Bund täglich, sonderlich aber so oft ich zum heiligen Abend=
mahl gehe, mit aller Andacht erneure, mein Leben nach dem=
selben prüfe und einrichte, absonderlich allen denjenigen
Sünden absage, zu welchen ich vor andern geneigt bin.

12. Frage. Weil also nur die wahre Christen sind, die bei ihrer
Taufe auch treu in dem Glauben bleiben, was heißt denn an
Gott glauben?

Antw. Gott erkennen, sein Wort annehmen, und all sein
Vertrauen auf ihn setzen.

13. Frage. Wer ist Gott, an den man glauben soll?

Antw. Gott ist ein unerschaffenes, geistiges Wesen, ewig,
allmächtig, allgegenwärtig, allwissend, weise, gerecht, heilig,
wahrhaftig, gütig und barmherzig.

14. Frage. Ist mehr als nur Ein Gott?

Antw. Nein, es ist nur ein einiger Gott. 5 Mos. 6, 4.
Höre, Israel, der Herr, unser Gott, ist ein einiger Herr.

15. Frage. Wie viel sind aber Personen in dieser einigen
Gottheit?

Antw. Drei: der Vater, der Sohn und der Heilige Geist.
1 Joh. 5, 7. Drei sind, die da zeugen im Himmel, der
Vater, das Wort und der Heilige Geist, und diese drei sind
Eins.

16. Frage. Wie lautet dein Glaubensbekenntniß von der ersten
Person in der Gottheit, nämlich von Gott dem Vater?

Antw. Ich glaube an Gott, den Vater, allmächtigen
Schöpfer Himmels und der Erden.

17. Frage. Hat Gott gleich Anfangs auch die Menschen er=
schaffen?

Antw. Ja; Gott schuf den Menschen ihm zum Bilde,
zum Bilde Gottes schuf er ihn. 1 Mos. 1, 27.

18. **Frage.** Haben wir dieses Ebenbild Gottes noch an uns?

Antw. Ach nein! wir haben es verloren durch den ersten Sündenfall. 1 Mos. 3.

19. **Frage.** Worein sind wir durch den Sündenfall unserer ersten Eltern gerathen?

Antw. In die Sünde, und durch die Sünde in den Zorn Gottes und unter die Gewalt des Teufels, des Todes und der Hölle. Römer 5, 12. Durch Einen Menschen ist die Sünde in die Welt kommen und der Tod durch die Sünde, und ist also der Tod zu allen Menschen hindurch gedrungen, dieweil sie alle gesündiget haben.

20. **Frage.** Was ist die Sünde?

Antw. Die Sünde ist das Unrecht oder die Uebertretung des Gesetzes. 1 Joh. 3, 4.

21. **Frage.** Wie vielerlei ist die Sünde?

Antw. Zweierlei, die Erbsünde und die wirklichen Sünden.

22. **Frage.** Was ist die Erbsünde?

Antw. Die angeborene Verderbniß menschlicher Natur und die reizende Lust zum Bösen. Joh. 3, 6. Was vom Fleisch geboren wird, das ist Fleisch.

23. **Frage.** Was heißen aber wirkliche Sünden?

Antw. Alles, was aus der Erbsünde entspringet, es seien innerliche Gedanken und Begierden, oder äußerliche Geberden, Worte und Werke. Matth. 15, 19. Aus dem Herzen kommen hervor arge Gedanken, Mord, Ehebruch, Hurere Dieberei, falsch Gezeugniß, Lästerung.

24. **Frage.** Wenn man das Gute unterläßt, ist's auch Sünde?

Antw. Freilich ist es Sünde, weil Gott nicht allein von uns fordert, daß wir das Böse lassen, sondern auch das

17*

Gute thun sollen. Jak. 4, 17. Wer da weiß Gutes zu thun und thut's nicht, dem ist es Sünde.

25. Frage. Wie werden die wirklichen Sünden abgetheilt?

Antw. Ein anderes ist die Sünde der Schwachheit, ein anderes die Sünde der Bosheit.

26. Frage. Was ist Schwachheitssünde?

Antw. Wenn ein frommer Christ nicht aus Vorsatz und Muthwillen sündiget, sondern aus Unwissenheit und Unvor=sichtigkeit von einem Fehler übereilt wird, denselben aber sogleich wieder bereuet und davon abläßt.

27. Frage. Was heißt aber Bosheitssünde?

Antw. Wenn der Mensch wissentlich und vorsätzlich Böses thut, da er wohl weiß, daß Etwas unrecht ist, und es dennoch thut.

28. Frage. Was verdienen wir mit solchen Sünden?

Antw. Nichts anderes, denn Gottes Zorn und Ungnade, auch allerlei zeitliche Strafen und dazu die ewige höllische Verdammniß. Römer 6, 23. Der Tod ist der Sünden Sold.

29. Frage. Wer hat uns aus solchem kläglichen Zustand heraus geholfen?

Antw. Jesus Christus, der sich selbst gegeben hat für Alle zur Erlösung. 1 Tim. 2, 5. 6.

30. Frage. Wer ist denn Jesus Christus?

Antw. Er ist der Sohn Gottes, wahrer Gott und wah=rer Mensch in einer unzertrennten Person.

31. Frage. Wie lautet dein Glaubensbekenntniß von Jesu Christo?

Antw. Ich glaube an Jesum Christum, Seinen einigen Sohn, unsern Herrn. Der empfangen ist von dem Heiligen

Geist. Geboren aus Maria, der Jungfrau. Gelitten unter
Pontio Pilato, gekreuziget, gestorben und begraben. Nieder=
gefahren zur Hölle. Am dritten Tage wieder auferstanden
von den Todten. Aufgefahren gen Himmel. Sitzend zur
Rechten Gottes, des allmächtigen Vaters, von dannen Er
kommen wird, zu richten die Lebendigen und die Todten.

32. Frage. Womit beweisest du, daß Jesus Christus sei wahr=
haftiger Gott, vom Vater in Ewigkeit geboren?

Antw. Aus den klaren Zeugnissen der heiligen Schrift,
darinnen er nicht nur der eigene und eingeborne Sohn Gottes
heißet, Römer 8, 32, Joh. 3, 16, sondern auch Gott über
Alles gelobet in Ewigkeit, Römer 9, 5, der wahrhaftige
Gott und das ewige Leben. 1 Joh. 5, 20.

33. Frage. Was hat dieser Sohn Gottes, Jesus Christus, für
dich gethan oder erlitten, daß du ihn deinen Erlöser nennest?

Antw. Erstlich hat er das ganze Gesetz mir zu gut er=
füllet; hernach hat er für mich Tod und Marter am Kreuz
gelitten. Er ist, wie St. Paulus schreibet, um unserer
Sünde willen dahin gegeben, und um unserer Gerechtigkeit
willen auferwecket. Römer 4, 25.

34. Frage. Was hat dir Christus mit seinem Gehorsam und
Leiden verdienet?

Antw. Das hat er mir verdienet, daß mir aus Gnaden
und um seinetwillen alle meine Sünden verziehen werden,
und mich Gott für fromm und gerecht und für sein liebes
Kind will halten und mich ewig selig machen.

35. Frage. Wodurch machest du dich dieses Verdienstes Christi
theilhaftig?

Antw. Durch einen wahren und lebendigen Glauben.

36. Frage. Was heißt oder ist ein solcher wahrer Glaube?

Antw. Er ist ein herzliches Vertrauen zu Gott, daß er

aus Gnaden und um des Verdienstes Christi willen sich meiner erbarmen, mich an Kindes Statt aufnehmen und mich ewig selig machen werde, nach dem Spruch Christi Joh. 3, 16: Also hat Gott die Welt geliebt, daß er seinen eingebornen Sohn gab, auf daß Alle, die an ihn glauben, nicht verloren werden, sondern das ewige Leben haben.

37. Frage. Kannst du aber für dich selbst und aus eigener Kraft an Jesum Christum glauben?

Antw. Nein, das stehet in keines Menschen Kraft. Niemand kann Jesum einen Herrn heißen ohne durch den Heiligen Geist. 1 Kor. 12, 3.

38. Frage. Wie heißt denn dein Glaubensbekenntniß von dem Heiligen Geist?

Antw. Ich glaube an den Heiligen Geist, Eine heilige christliche Kirche, die Gemeine der Heiligen, Vergebung der Sünden, Auferstehung des Fleisches und ein ewiges Leben.

39. Frage. Ist denn der Heilige Geist auch wahrer Gott, daß du an ihn glaubest?

Antw. Ja freilich; denn es werden ihm in der heiligen Schrift göttliche Namen, Eigenschaften, Werke und Ehre zugeschrieben.

40. Frage. Wenn du das Alles, so du bisher mit deinem Munde bekennet, auch von Herzen glaubest, wozu ist dir dieser Glaube nützlich?

Antw. Dazu ist er mir nützlich, daß ich durch diesen Glauben werde vor Gott von wegen Jesu Christi für fromm und heilig gehalten, und mir geschenket wird der Heilige Geist, zu beten und Gott als einen Vater anzurufen, und mein Leben nach seinen Geboten einzurichten.

41. Frage. Welches ist also der erste Nutzen, den du von deinem Glauben hast?

Antw. Meine Rechtfertigung, daß mir Gott meine Sünden vergibt, die Gerechtigkeit Christi mir zurechnet, und um solcher willen mich aller Gnade versichert.

42. Frage. Wirket aber der Glaube nicht auch die Heiligung und Erneuerung als den zweiten Nutzen?

Antw. Ja; denn durch den Glauben wird mir je mehr und mehr der Heilige Geist geschenket, daß ich kann kindlich beten, und gottselig leben.

43. Frage. Was ist das Gebet?

Antw. Das Gebet ist eine Anrufung Gottes, entweder um Gebung des Guten, oder um Abwendung des Bösen, sowohl im Leiblichen, als auch im Geistlichen.

44. Frage. Welches ist das beste, vollkommenste und schönste Gebet?

Antw. Dasjenige, welches uns Christus selber gelehret hat und also heißt: Vater unser, der Du bist im Himmel. Geheiliget werde Dein Name. Dein Reich komme. Dein Wille geschehe, wie im Himmel, also auch auf Erden. Unser täglich Brod gib uns heute. Und vergib uns unsere Schulden, als wir vergeben unsern Schuldigern. Und führe uns nicht in Versuchung, sondern erlöse uns von dem Uebel. Denn Dein ist das Reich und die Kraft und die Herrlichkeit in Ewigkeit. Amen.

45. Frage. Wie soll man beten?

Antw. Andächtig, als in der Gegenwart Gottes, bußfertig, demüthig, sowohl innerlich im Herzen, als auch äußerlich in Geberden, mit wahrem Glauben und in dem Namen Jesu Christi.

46. Frage. Was haben wir von einem solchen Gebet zu hoffen?

Antw. Unser lieber Heiland sagt: Wahrlich, wahrlich, ich sage euch, was ihr den Vater bitten werdet in meinem Namen, das wird er euch geben. Joh. 16, 23.

47. Frage. Wenn aber ein Christ will gottselig leben, wonach muß er sein Leben einrichten?

Antw. Nicht nach seinem eigenen Willen und Gutdünken, auch nicht nach den sündlichen Gewohnheiten der Welt, sondern nach dem Willen und Geboten Gottes.

48. Frage. Wo hat uns Gott seinen Willen und Gebote vorgelegt?

Antw. In seinem Wort, wie solches in den Schriften des alten und neuen Testaments verfasset ist.

49. Frage. Sag' mir daraus her die zehn Gebote Gottes?

Antw. Das erste Gebot: Ich bin der Herr, dein Gott, du sollst nicht andere Götter haben neben mir.

Das andere Gebot: Du sollst den Namen deines Gottes nicht unnützlich führen.

Das dritte Gebot: Du sollst den Feiertag heiligen.

Das vierte Gebot: Du sollst deinen Vater und deine Mutter ehren, auf daß dir's wohl gehe, und du lange lebest auf Erden.

Das fünfte Gebot: Du sollst nicht tödten.

Das sechste Gebot: Du sollst nicht ehebrechen.

Das siebente Gebot: Du sollst nicht stehlen.

Das achte Gebot: Du sollst nicht falsch Zeugniß reden wider deinen Nächsten.

Das neunte Gebot: Du sollst nicht begehren deines Nächsten Haus.

Das zehnte Gebot: Du sollst nicht begehren deines Nächsten Weib, Knecht, Magd, Vieh, oder alles was sein ist.

50. Frage. Was ist der kurze Inhalt dieser zehn Gebote?

Antw. Es wird darinnen erfordert die Liebe Gottes und des Nächsten. Matth. 22, 37–40.

51. Frage. Was heißt Gott lieben?

Antw. Gott lieben heißt: Gott für das höchste Gut

achten, ihm mit dem Herzen anhangen, immer in Gedanken mit ihm umgehen, das größte Verlangen nach ihm tragen, das größte Wohlgefallen an ihm haben, ihm ganz und gar sich ergeben, und um seine Ehre eifern.

52. Frage. Was heißt den Nächsten lieben?

Antw. Den Nächsten lieben heißt, es nicht nur mit demselben getreulich meinen, ihm alles Gute von Herzen wünschen und gönnen, mit Worten und Geberden sich freundlich gegen ihn bezeigen und mit Trost, Rath und That ihm beispringen, sondern auch seine Schwachheit mit Geduld vertragen, und durch sanftmüthige Bestrafung seine Besserung suchen.

53. Frage. Wenn du dich nach diesem allem prüfest, wessen überzeugt dich dein Gewissen?

Antw. Daß ich, leider! ein großer Sünder sei, auch zeitliche und ewige Strafen Gottes wohl verdienet habe.

54. Frage. Sind die deine Sünden auch leid?

Antw. Ja, es ist mir von Herzen leid, daß ich wider Gott gesündiget, und ihn, meinen getreuen Schöpfer, Erlöser und Tröster, so vielfältig und dazu manchmal vorsätzlich und muthwillig beleidiget und erzürnet habe.

55. Frage. Kannst du aber bei diesem beleidigten Gott wieder zu Gnaden kommen?

Antw. Ja, durch eine wahre Buße und Bekehrung.

56. Frage. Was heißt Buße thun?

Antw. Buße thun heißt: die Sünden herzlich erkennen, vor Gott bekennen, und auch in gewissen Fällen vor Menschen bekennen, bereuen, hassen und lassen, an Jesum Christum glauben, und der Besserung des Lebens sich befleißen

57. Frage. Haft du bei diesem allem nicht auch eine Stärkung für deinen Glauben nöthig?

Antw. Ja; denn der Glaube ist bald groß und ftark, voll Zuversicht und Freudigkeit; bald klein und schwach, da viel Zweifel, Furcht und Kleinmüthigkeit mit unterläuft.

58. Frage. Wodurch wird unser Glaube in Widerwärtigkeit am mächtigsten gestärkt, und wir in Anfechtung getröstet?

Antw. Durch das Nachtmahl unsers Herrn Jesu Christi.

59. Frage. Was ist das Nachtmahl unsers Herrn Jesu Christi?

Antw. Es ist der wahre Leib und Blut unsers Herrn Jesu Christi unter dem Brod und Wein, uns Christen zu essen und zu trinken von Christo selbst eingesetzt.

60. Frage. Wie lauten die Worte der Einsetzung, woraus insonderheit die ganze Lehre vom heiligen Abendmahl zu erlernen ist?

Antw. Unser Herr Jesus Christus in der Nacht, da er verrathen ward, nahm er das Brod, dankete und brach's und gab's seinen Jüngern und sprach: Nehmet hin und esset, das ist mein Leib, der für euch gegeben wird. Solches thut zu meinem Gedächtniß. Desselbigen gleichen nahm er auch den Kelch, nach dem Abendmahl, dankete und gab ihnen den und sprach: Nehmet hin und trinket Alle daraus; dieser Kelch ist das neue Testament in meinem Blut, das für euch vergossen wird zur Vergebung der Sünden. Solches thut, so oft ihr's trinket, zu meinem Gedächtniß.

61. Frage. Verwandelt sich denn Brod und Wein in Leib und Blut Christi?

Antw. Nein; aber in, mit und unter Brod und Wein esse und trinke ich den wahren Leib und das wahrhaftige Blut Jesu Christi, wie Paulus sagt: „Der gesegnete Kelch, welchen wir segnen, ist der nicht die Gemeinschaft des Blutes

Christi? Das Brod, das wir brechen, ist das nicht die Ge=
meinschaft des Leibes Christi? 1 Kor. 10, 16.

62. Frage. Für wen ist das heilige Abendmahl eingesetzt?

Antw. Für alle und jede Christenmenschen, die sich selbst
prüfen können. 1 Kor. 11, 28. Der Mensch prüfe sich
selbst, und also esse er von diesem Brod und trinke von die=
sem Kelch.

63. Frage. Was heißt sich selbst prüfen?

Antw. Sich selbst prüfen heißt: in sein eigen Herz und
Gewissen gehen, und seine Buße, Glauben und neuen Ge=
horsam fleißig erforschen.

64. Frage. Wie prüfen wir unsere Buße?

Antw. Wenn wir uns selbst erforschen, ob wir unsere
Sünden auch ernstlich erkennen, vor Gott bekennen, herzlich
bereuen, verabscheuen und Leid darüber tragen.

65. Frage. Wie prüfen wir unsern Glauben?

Antw. Wenn wir in unsern Herzen wohl erkundigen, ob
wir Jesum Christum auch recht erkennen, uns einig auf sein
Verdienst und Gnade verlassen und insonderheit von dem
heiligen Abendmahl recht gesinnet seien.

66. Frage. Wie prüfen wir unsern neuen Gehorsam?

Antw. Wenn wir genau untersuchen, ob wir uns mit
Ernst vorgesetzt, von nun an die Sünde zu hassen und zu
lassen, hingegen Gott gefällig zu leben und in wahrer Liebe
Gottes und des Nächsten durch Gottes Gnade zu verharren.

67. Frage. Was für Strafen haben die zu gewarten, die un=
würdig und ungeprüft zu dem heiligen Abendmahl gehen?

Antw. Gottes Gericht; denn so sagt Paulus: Wer un=
würdig isset und trinket, der isset und trinket ihm selber das
Gericht, damit daß er nicht unterscheidet den Leib des Herrn
1 Kor. 11, 29.

18

68. Frage Wozu nutzt hingegen das heilige Abendmahl, wenn du es mit bußfertigem Herzen empfahest.

Antw. Zur Stärkung meines Glaubens, zum Trost meines Gewissens, zu gewisser Versicherung der Vergebung meiner Sünden, und zur Besserung meines Lebens.

69. Frage. Wie bekommen wir aber einen freien Hintritt zum heiligen Abendmahl?

Antw. Durch das Predigtamt, welches zweierlei Gewalt hat, den Unbußfertigen ihre Sünden zu behalten, den Buß-fertigen aber ihre Sünden zu vergeben.

70. Frage. Von wem hat das Predigtamt solche geistliche Ge-walt bekommen?

Antw. Von dem Herrn Christo, der selbst zu seinen Jüngern spricht: Was ihr auf Erden binden werdet, soll auch im Himmel gebunden sein; und was ihr auf Erden lösen werdet, soll auch im Himmel los sein. Matth. 18, 18. Und abermalen spricht der Herr Christus: Welchen ihr die Sünden erlasset, denen sind sie erlassen, und welchen ihr sie behaltet, denen sind sie behalten. Joh. 20, 23.

71. Frage. Was ist die Pflicht und Schuldigkeit aller gläubigen Communikanten?

Antw. Wir sollen des Herrn Christi und seines Todes gedenken, seinen Namen preisen und ihm mit Herzen und Werken für seine Wohlthaten danken. 1 Kor. 11, 26.

72. Frage. Sage mir dieses noch deutlicher, wie du es angreifen mußt, daß du Christi Tod verkündigest?

Antw. Ich muß bei und nach dem Gebrauch des heiligen Abendmahls vor allen Dingen den Kreuzestod Christi fleißig und gläubig betrachten, und wohl bedenken, wie sauer es dem lieben Heiland worden, da er meine und aller Welt Sünde getilget und mir die Seligkeit erworben mit Aufopferung seines Leibes und Vergießung seines Bluts.

73. Frage. Was gehört hernach noch mehr zu solcher Todesver=
kündigung, und was fließt noch weiter aus dieser Betrachtung?

Antw. Weil meine Sünden dem Herrn Jesu die größten
Schmerzen, ja den bittern Tod verursachet, so soll ich an
der Sünde keine Lust haben, sondern dieselbe ernstlich fliehen
und meiden; hingegen soll ich meinem Heiland und Erlöser
als sein Eigenthum allein zur Ehre leben, leiden und sterben,
damit ich in meiner letzten Todesstunde freudig und getrost
sprechen möge: Herr Jesu, dir leb' ich, dir leid' ich, dir sterb
ich), dein bin ich todt und lebendig; mach' mich, o Jesu, ewig
selig. — Amen.

VI.

Gebete für die Schulkinder.

I. Beim Anfang der Vormittagsschule.

Am Montag.

1. Herr Gott, himmlischer Vater! Mit Loben und Danken erscheinen wir vor Deinem Angesichte am Anfang dieser Woche. Unzählig viel Gutes hast Du bisher an uns gethan, und uns auf's neue Gesundheit und Kraft geschenket. Deine Güte und Liebe sei auch in dieser Woche mit uns. Gib uns Lust und Freude an Deinem göttlichen Worte, daß wir gerne zur Schule eilen und stets bedenken, wie heilsam uns der Unterricht für Zeit und Ewigkeit sei. Segne unsern lieben Lehrer, und regiere ihn durch den Geist der Liebe und Sanftmuth, daß er uns treulich unterrichte, mit unserer Schwachheit Geduld habe, und im Lehren, Warnen und Ermahnen nicht müde werde. Erleichtere ihm die schwere Arbeit an der Bildung unseres Geistes und Herzens. Lehre uns erkennen, lieber Heiland! welche große Gnade Du uns erzeiget hast dadurch, daß Du uns durch unsere Eltern und Lehrer für den Himmel erziehen willst, und schenke uns Deinen Heiligen Geist, der uns in alle Wahrheit leite und uns gute Gaben zum Lernen schenke, daß wir mit folgsamem und willigem Herzen alles Gute in uns aufnehmen und so als fromme Kinder aufwachsen, die Dich, ihren Gott und Heiland, von Herzen lieben, und ihren Eltern und Lehrern zur Freude und andern Menschen zum Segen leben. La-

uns in dieser neuen Woche mit neuem Muth an unser Tage-
werk gehen, und segne und behüte uns vor allem Uebel.
Ja, Herr, hilf, Herr! laß Alles wohl gelingen, und erhöre
unser Gebet, o Du getreuer Gott! um Deines lieben Sohnes
Jesu Christi, unseres Herrn und Heilandes willen. Amen.

Ein Anderes.
(Im Chor oder von einem Einzelnen zu beten.)

2. Das walte Gott, der helfen kann,
   Mit Gott fang' ich die Arbeit an;
   Mit Gott nur geht es glücklich fort,
   Drum ist auch dies mein erstes Wort:
       Das walte Gott!

All' mein Beginnen, Thun und Werk
Erfordert Gottes Kraft und Stärk',
Mein Herz sucht Gottes Angesicht,
Drum auch mein Mund mit Freuden spricht:
    Das walte Gott!

Wo Gott nicht hilft, so kann ich Nichts,
Wo Gott nicht gibet, da gebricht's;
Gott gibt und thut mir alles Gut's,
Drum sprech' ich nun auch guten Muths:
    Das walte Gott!
    Amen!

An andern Wochentagen.

3. O lieber Herr Jesu Christe! Wir sagen Dir Lob
und Dank, daß Du noch heute gute Kirchenordnung und
Schulzucht stiftest, und uns die Gnade gibst, daß wir durch
unsere Eltern und Lehrer für Dein Reich erzogen werden.

18*

Regiere uns mit Deinem Heiligen Geist, daß wir unsern lieben Eltern und Lehrer, die es so treu mit uns meinen, gehorsam seien und sie ehren und lieben. Gib uns ein ge= lehriges und lernbegieriges Herz, daß wir den Katechismus, die schönen Bibelsprüche und Lieder und alles Gute leicht und willig lernen, und also in Gottseligkeit, Weisheit und Verstand und allen andern Tugenden wohl zunehmen. O herzliebster Herr Jesu! Schaffe in uns ein reines, keusches und züchtiges Herz, daß wir Dir in rechtschaffenem Glauben und wahrer Furcht dienen, und von ganzem Herzen Dich lieben. Dämpfe in uns alle bösen Lüste; verleihe uns Deinen Heiligen Geist, daß wir uns der wahren Demuth befleißen. Segne uns und unsern lieben Lehrer am heutigen Tage aus der reichen Fülle Deiner Gnade, um Deiner Liebe und Treue willen. Amen.

———

4. Herr, unser Gott! Wir sind wieder mit Freuden zur Schule gekommen, daß wir lernen mögen, nicht nur, was uns zu unserem leiblichen Durchkommen durch dieses Erdenleben nützlich und förderlich ist, sondern besonders, was uns zu unserm ewigen Seelenheile nothwendig ist, nämlich die Erkenntniß Deines Wortes und Deines Willens. Gib, daß wir nichts durch Unachtsamkeit und Trägheit ver= säumen. Gib uns Verstand, Alles, was wir lernen, zu be= greifen und zu behalten. Segne unsern und unsers Lehrers Fleiß, damit wir zu verständigen und frommen Menschen erzogen werden. Schenke uns ein gehorsames Herz, daß wir Deinem guten, gnädigen Willen folgen, und Alles, was Du von uns forderst, mit Freuden thun, so werden wir Dir, o Gott! gefällig und den Menschen lieb und werth sein. Ja, dann wirst Du uns hier mit Deiner Gnade

ſegnen, und uns einſt, wenn wir ſterben, ewig ſelig machen um Jeſu Chriſti willen. Amen.

———

5. Lieber Vater im Himmel! der Du nicht willſt, daß Eines von den Kleinen verloren werde, wir danken Dir von Herzen, daß Du uns erſchaffen und mit dem theueren Blute Deines lieben Sohnes erlöſet haſt, und mit Deinem Geiſte heiligeſt, und auch treulich unſern Eltern, Lehrern und der Obrigkeit befiehlſt, daß ſie uns nähren, lehren und beſchir= men, und läſſeſt uns durch die heiligen Engel bewahren. Wir wollen dieſer Deiner Wohlthaten nie vergeſſen, ſondern fröhlich ausrufen: Lobe den Herrn, meine Seele! und was in mir iſt, Seinen heiligen Namen; lobe den Herrn, meine Seele! und vergiß nicht, was Er dir Gutes gethan hat. Der dir alle deine Sünden vergibt und heilet alle deine Gebrechen; der dein Leben vom Verderben erlöſet; der dich krönet mit Gnade und Barmherzigkeit. Wir bitten Dich, o Gott! Du wolleſt uns Dir immer treuer machen, und im wahren Glauben erhalten bis an unſer Ende, daß wir doch nie außer Acht laſſen die treue Ermahnung unſerer Eltern und unſerer Lehrer, ſondern unſere Dankbarkeit gegen Dich durch kindlichen Gehorſam beweiſen, und den Heiligen Geiſt nicht betrüben, und die heiligen Engel nicht von uns ſchen= chen, und Dich, unſern Heiland, immer im Herzen behalten. O getreuer Gott! Gib uns das Wollen und Vollbringen des Guten, durch Jeſum Chriſtum, unſern Heiland und Erlöſer. Amen.

———

6. Ach lieber himmliſcher Vater! Wir, Deine armen Kinder, rufen zu Dir im Namen Deines lieben Sohnes, unſeres Heilandes Jeſu Chriſti, Du wolleſt uns Deinen Heiligen Geiſt verleihen, der uns, die wir von Natur blind

und unwissend sind, lehre und erleuchte, und uns auf den Weg des Lebens bringe, und auf demselben beständig führe und erhalte, weil wir ja von Natur so gerne den Weg des Verderbens erwählen und gehen und darauf in die ewige Verdammniß laufen. Darum, lieber Vater! erbarme Du Dich unser, und bewahre uns vor solchen schädlichen Wegen. Dein Heiliger Geist führe uns auf ebener Bahn, damit wir endlich durch Buße und Glauben gelangen in's ewige Leben um unseres Mittlers und Fürsprechers Jesu Christi willen. Amen.

————

(Im Chor oder von einem Einzelnen zu beten.)

7. Morgenglanz der Ewigkeit,
   Licht vom unerschaffnen Lichte
   Schick' uns diese Morgenzeit
   Deine Strahlen zu Gesichte,
   Und vertreib' durch Deine Macht
     Unsre Nacht.

Deiner Güte Morgenthau
Fall' auf unser matt Gewissen,
Laß die dürre Lebensau
Lauter süßen Trost genießen,
Und erquick' uns, Deine Schaar,
   Immerdar!

Leucht' uns selbst in jene Welt,
Du verklärte Gnadensonne,
Führ' uns durch das Thränenfeld
In das Land der süßen Wonne,
Wo die Lust, die uns erhöht,
   Nie vergeht.
   Amen.

II. Beim Schluß der Vormittagsschule.

1. Wir danken Dir, lieber Gott und Vater! daß Du uns auch in diesen Stunden in dem, was uns gut und heilsam ist für Zeit und Ewigkeit, hast unterrichten lassen. Wie viele Vorzüge schenkest Du uns vor so vielen andern Kindern, die in Unwissenheit und ohne Unterricht aufwachsen. Laß uns das, was wir gelernt haben, in einem getreuen Gedächtniß und feinen Herzen bewahren. Laß uns zunehmen an Alter, Weisheit und Gnade bei Dir und den Menschen, und dadurch beweisen, daß wir Deine Kinder sind, und daß Du unser rechter Vater bist durch Jesum Christum. Amen.

2. Unsre Wege wollen wir
Nun in Jesu Namen gehen.
Geht uns dieser Leitstern für,
So wird Alles wohl bestehen.
Unser Bitten, Flehn und Singen,
Laß, Herr Jesu! wohl gelingen. Amen.

3. Gütiger Gott und Vater! Wir danken Dir mit gerührtem Herzen bei dem Schlusse unserer Schulstunden für den nützlichen Unterricht und für den gnädigen Beistand, den Du uns jetzt verliehen hast. Du, allwissender Gott! kennest Jedes unter uns, ob wir fleißig oder träge, aufmerksam oder gedankenlos, willig oder verdrossen bei unsern Arbeiten gewesen sind. Gib uns unsere Fehler zu erkennen, daß wir sie bereuen und uns bessern. Verleihe uns den Beistand Deines Heiligen Geistes, daß wir alle Tage frömmer werden, damit Du ein gnädiges Wohlgefallen an uns haben mögest. Dir sei Ehre, Dank und Anbetung in Ewigkeit. Amen.

(Im Chor zu beten.)

4. Unsern Ausgang segne Gott,
Unsern Eingang gleichermaßen;
Segne unser täglich Brod,
Segne unser Thun und Lassen.
Segne uns mit sel'gem Sterben,
Und mach' uns zu Himmelserben. Amen.

———

5. Wir danken Dir, o himmlischer Vater! Du Vater
unsers Herrn Jesu Christi, für Deine Liebe und Treue,
nach welcher Du uns den Weg in's Leben zeigst. Du, Vater
des Lichts! erleuchtest unsere Leuchte, und machst unsere
Finsterniß Licht. Du gehst vor uns vorüber, siehst uns in
unserem Blute und Verderben liegen, und sprichst zu uns:
„Ihr sollt leben!" Ach, so hilf uns, daß wir auch wahrhaftig leben, nämlich im Glauben Deines lieben Sohnes,
unsers Herrn Jesu Christi, der uns geliebt und sich selbst
für uns dargegeben hat. Siehe, wir gehen nun wieder nach
Hause an unsere zeitlichen Geschäfte, darum versiegle, was
wir gehört und gelernt haben, so kräftiglich, daß es weder
der Satan, noch die arge Welt wieder verderbe, daß wir es
fleißig behalten in einem feinen, guten Herzen, und Frucht
bringen in Geduld, daß wir vor Deinem heiligen Auge
wandeln und fromm seien, um Jesu Christi, Deines lieben
Sohnes, unsers Herrn und Heilandes willen, in Kraft des
Heiligen Geistes. Amen.

———

6. Gib uns, eh' wir gehn nach Haus,
Vater! Deinen reichen Segen.
Breite Deine Hände aus,
Leite uns auf allen Wegen.
Laß uns hier in Segen gehn,
Dort in Segen auferstehn. Amen.

III. Beim Anfang der Nachmittagsschule

1. Heiliger Vater! heilige uns in Deiner Wahrheit,
Dein Wort ist die Wahrheit. So sind wir denn wieder
hier, nach Deinem Willen fort zu arbeiten an der Bildung
unseres Verstandes und unseres Herzens. Die Jahre unserer
Kindheit sind kurz, darum lehre sie uns weislich benützen.
Ach, treuer Gott und Heiland! lehre uns so glauben und
leben, daß wir den Tod nicht fürchten dürfen, und wenn er
heute noch kommen würde. Ueberall sei Dein Wort unsers
Fußes Leuchte, das uns leuchte auf dem Weg zum Himmel.
Amen.

2. Lieber Gott, Du hast uns wiederum leiblich gesättiget
und erfreuet, und nun sind wir wieder in der Schule, wo
Du uns geistlich speisen und erquicken willst. O Herr! Du
thust Großes an uns, deß sind wir fröhlich. Gib, daß wir
als Deine Kinder unsern Dank durch Gehorsam beweisen,
damit wir uns Deiner leiblichen und geistlichen Segnungen
durch Glauben und Liebe zu Dir, dem dreieinigen Gott,
immer würdiger machen, und einst auch die ewige Seligkeit
von Dir empfangen durch Jesum Christum, unsern Heiland.
Amen.

3. Wir danken Dir, lieber Herr Gott, himmlischer
Vater! daß Du uns das selige Licht Deines Wortes so
gnädig angezündet und bisher hast leuchten lassen. Wir
bitten Dich, Du wollest ja zu dieser Zeit ob diesem Lichte
gnädig halten, auch dem Satan und der argen, bösen Welt
nicht gestatten, daß sie es auslöschen. Laß Dich unser erbarmen, lieber Vater! über welche solcher Jammer am meisten würde ausgehen. Denn wir sind noch jung und uner-
zogen, und bedürfen für und für, daß wir in Deinem Wort

von unsern Eltern und Lehrern unterrichtet werden, und
Dich von Tag zu Tag je länger, je mehr erkennen lernen.
Nun gehen aber die Feinde Deines Wortes damit um, daß
sie uns in Abgötterei und Finsterniß führen. Solchem
Jammer wehre Du, lieber Vater! um Deines Namens
willen; denn Du sprichst ja, Du wollest Dir ein Lob zu=
richten aus dem Munde der Unmündigen und Säuglinge.
Um solche Gnade bitten wir Dich jetzo, lieber Vater! Gib
Deiner Kirche Friede, und wehre allen Feinden Deines
Wortes, die uns bedrängen, auf daß wir und unsere Brüder
und Schwestern, die täglich nachwachsen, Dein gnädiges
Licht auch haben, und Dich mit unserem Gebete früh und
Abends loben, anrufen und bekennen, der Du unser einiger
Gott und wahrer Trost bist, mit Deinem Sohne, unserem
Herrn Jesu Christo, und dem Heiligen Geist, hochgelobet
in Ewigkeit! Amen.

(Im Chor oder ein Einzelnes.)

4. Nun, wir fangen mit Vergnügen
   Unsre Arbeit wieder an.
   Du, o Vater! wollst es fügen,
   Daß sie wohl gerathen kann.
   Jesus Christus, segne Du!
   Heil'ger Geist, sprich ja dazu!
   Herr, in Deinem großen Namen,
   Sei unser End' und Anfang. Amen.

---

5. Lieber Vater im Himmel! Du hast alle Menschen
und auch uns Kinder sehr lieb. Es ist Dein Wille, daß wir
verständig und fromm werden sollen, deßhalb gehen wir in
die Schule, um recht viel Gutes zu lernen. Laß sie uns
immer fleißig, gern und willig besuchen. Mache uns gehor=

sam und kindlich fromm, so werden wir nicht nur hier, sondern im Himmel Deine Kinder sein. Hilf uns dazu aus
Gnaden, und segne vor Allem zu diesem Ende Dein heiliges
Wort an unser Aller Herzen, um Deines großen Namens
willen. Amen.

———

6. Nun hilf uns, o Herr Jesu Christ,
Der Du einst hier gewesen bist
Ein freundliches und frommes Kind,
Ohn' alle Schuld, ohn' alle Sünd'.
Gib Deinen Geist in unsre Brust,
Hilf lernen uns mit Kindeslust,
Damit wir legen rechten Grund,
Und ewig stehn in Deinem Bund. Amen.

———

IV. Beim Schluß der Nachmittagsschule.

1. Barmherziger Gott, himmlischer Vater! Wir danken
Dir für alle Gnade, die Du uns heute in der Schule er-
wiesen hast; insbesondere danken wir für den heilsamen
Unterricht, den Du uns durch unsern Lehrer ertheilen ließest.
Vergib uns, wenn wir träge, nachlässig, leichtsinnig oder
widerspenstig waren. Vergib uns alle unsere Sünden, die
wir heute in und außer der Schule begangen haben, um
Jesu Christi willen. Laß Deinen Segen auch ferner auf
uns ruhen, und schaffe durch Deinen Geist aus uns solche
Menschen, die in Deinen Wegen wandeln, Deine Rechte
halten und darnach thun, damit durch unser ganzes Leben
Dein Name gepriesen werde. Vergilt unsern lieben Eltern
und Lehrern alle Mühe und Treue, die sie bis jetzt auf uns
verwendet haben, und schenke ihnen ferner die Kraft, Geduld
und Weisheit, die ihnen zu unserer Erziehung so nothwendig

ift. Laß uns morgen zu Deinem Lob und Preis wieder er-
wachen, und mit Freuden in unsere Schule gehen. Das
Alles wollest Du thun durch Jesum Christum. Amen.

————

2. Heiliger, barmherziger Gott! Ehe wir die Schule
verlassen, sagen wir Dir für Deinen gnädigen Beistand Lob
und Dank. Du hast uns wieder Gelegenheit geschenket, in
der Schule vieles Gute und Nützliche zu lernen. Gib uns
nun Deinen Heiligen Geist, daß wir auch in unserem Be-
tragen außer der Schule zeigen, daß die guten Lehren und
Ermahnungen bei uns nicht vergebens gewesen sind. Laß
keinen Fluch, keine Lüge, kein schandbares Wort aus unserem
Munde gehen. Gib, daß wir gehorsam gegen unsere Eltern,
liebreich gegen unsere Geschwister und freundlich gegen Jedermann seien. So werden wir aufwachsen in der Zucht und
in der Vermahnung zu Dir, unserem Gott und Heiland
Erhöre uns, o Gott! um Jesu Christi willen. Ja Herr,
hilf! Herr, laß Alles wohl gelingen. Amen.

————

3. Allwissender Gott! Du kennest alle Gedanken und
Werke der Menschen. Du weißt es auch, was wir heute in
und außer der Schule gedacht, geredet und gethan haben.
Du hast unsern Fleiß und unsere Trägheit, unsere Treue
und Untreue, unsere Willigkeit und Verdrossenheit bei den
Arbeiten, und alle unsere Mängel gesehen. Ach, wie oft
haben wir uns heute an Dir versündigt. Vergib uns, lieber
Vater! alle unsere Sünden, um Jesu Christi willen. Laß
uns dieselben herzlich bereuen und mit dem ernstlichen Vor-
satze aus der Schule gehen, den Ermahnungen unseres treuen
Lehrers und der Zucht Deines Heiligen Geistes künftig
willigeren Gehorsam zu leisten. Stärke uns dazu durch

Deines Geistes Kraft und Beistand, um Deiner ewigen Er-
barmung willen. Amen.

4. Jetzt gehn wir aus der Schule fort,
Ach bleib' bei uns mit Deinem Wort,
Mit Deiner Gnad' und Segen
Auf allen unsern Wegen.

Vater unser, der Du bist im Himmel.

Geheiliget werde Dein Name!

Dein Reich komme!

Dein Wille geschehe wie im Himmel, also auch auf Erden.

Unser täglich Brod gib uns heute.

Und vergib uns unsere Schuld, als wir vergeben unsern
Schuldigern.

Und führe uns nicht in Versuchung.

Sondern erlöse uns von dem Uebel.

Denn Dein ist das Reich und die Kraft und die Herrlich=
keit in Ewigkeit. Amen.

5. Unsern Ausgang segne Du,
Segne jedes Wort der Lehre,
Schenk' uns, Heiland! Fried' und Ruh',
Und den schwachen Glauben mehre.
Schenk' uns, daß wir treu Dir sein,
Unsern Taufbund nicht entweihn.

Ja, treuer Gott! Segne uns und behüte uns, Herr, laß
leuchten Dein Angesicht über uns und sei uns gnädig!
Herr, erhebe Dein Angesicht auf uns und gib uns Deinen
Frieden. Amen.

Am Schluß der Woche.

6. Der Name des Herrn sei gelobet von nun an bis in
Ewigkeit! Schon wieder ist eine Woche dahin! O wie man=

chen Augenblick oder gar wie manche Stunde haben wir un=
nütz zugebracht! Wie sündhaft und verkehrt war oft unser
Denken und Thun! Herr! Erbarme Dich über uns und
sei uns gnädig! Vergib uns alle Sünden dieser Woche und
schenke uns Deinen Frieden. Verwirf uns nicht von Deinem
Angesicht, und nimm Deinen Heiligen Geist nicht von uns.
Wir freuen uns auf den Sonntag, an welchem wir in Dei=
nem Hause vor Dir anbeten und Dein heiliges Wort ver=
nehmen dürfen. Wir bitten Dich, schenke uns alsdann an=
dächtige Herzen, damit der Same Deines Wortes uns
erneure und wir die künftige Woche mit neuer Liebe Dir
dienen können durch Jesum Christum, unsern Heiland.
Amen.

———

(Anmerkung: Die meisten dieser Gebete können auch in dem
Confirmandenunterricht und in den Sonntagsschulen gebraucht
werden.)

VII.

Anhang verschiedenen Inhalts.

Ordnung der biblischen Bücher.

Die Bücher des Alten Testaments.

1. Die Geschichtsbücher.

In des Alten Bundes Schriften Merke in der ersten Stell'
Mose, Josua und Richter, Ruth und zwei von Samuel.
Zwei der König', Chronik, Esra, Nehemia, Esther mit.

2. Die Lehrbücher.

Hiob, Psalter, dann die Sprüche, Prediger und Hohelied.

3. Die prophetischen Schriften.

Jesaias, Jeremias, Hesekiel, Daniel,
Dann Hosea, Joel, Amos, Obadia, Jonä Fehl.
Micha, welchem Nahum folget, Habakuk, Zephania,
Nebst Haggai, Zacharia, Und zuletzt Malachia.

Die Apocryphen.

Judith, Weisheit und Tobias, Sirach, Baruch und sodann
Makkabäer, Stück' in Esther, Und was Daniel gethan,
Mit Susanna, Bel dem Drachen; Asariä ernste Bitt,
Sammt dem Lob im Feuerofen Und Manasses Thränenlied.

Die Bücher des Neuen Testaments.

1. Die Geschichtsbücher.

In dem Neuen stehn Matthäus, Markus, Lukas und
Johann,
Sammt den Thaten der Apostel Unter Allen vornen an.

19*

2. Die Lehrbücher.

Dann die Römer, zwei Corinther, Galater und Ephejer,
Die Philipper und Kolosser, Beide Thessalonicher.
An Timotheum und Titum, Philemon und Petri zwei,
Drei Johannis, die Hebräer, Jakob's, Judä Brief dabei.

3. Das prophetische Buch.

Endlich schließt die Offenbarung Das gesammte Bibelbuch.
Mensch, gebrauche, was du liesest, Dir zum Segen, nicht
zum Fluch.

2.
Die Summa der ganzen Heilsordnung.

Der erste Adam ward Nach Gottes Bild gemacht;
Allein des Satans List Hat ihn zu Fall gebracht.
So hat Gott Seinen Sohn Der Welt zum Licht und Leben
Zum Opferlamm an's Kreuz Aus Liebe hingegeben.
Wer dieser Liebe glaubt Und treulich an ihr hält,
In dem wird Gottes Bild Auf's Neue hergestellt.
Die Mittel sind das Wort, Die Tauf', das Mahl der Liebe;
O! widerstrebe nicht Des Geistes sanftem Triebe;
Bitt' Ihn: „Herr, mach' mich selbst Auf Deinen Tag bereit,
Und führ' mich als Dein Glied Durch's Kreuz zur Herr-
lichkeit."

3.
Lebensregeln aus dem 37. Psalm.

Geh' Deinen Weg Auf rechtem Steg
Fahr' fort und leid', Trag keinen Neid.
Bet', hoff' auf Gott In aller Noth.
Sei still und trau', Hab' Acht und schau,
Groß Wunder wirst du sehen.

(Dr. Wilh. Schneider.)

4.

Die Schöpfungstage. (1 Mos. 1.)

Am erften Schöpfungstag Sprach Gott: „Es werde Licht!“
Am andern war der Bau Des Himmels zugericht't.
Am dritten Schöpfungstag Die Erde und das Meer,
Am vierten Sonn' und Mond Zusammt dem Sternenheer
Der fünfte hat die Fisch' Und Vögel mitgebracht,
Am sechsten ward Gewürm, Vieh und der Mensch gemacht
Am sieb'ten ruhte Gott Vom großen Schöpfungswerk,
Das Er vollkommen schuf Durch Seiner Allmacht Stärk',
Und setzte diesen Tag Zum Feiertage ein;
Das merke dir, o Mensch! Und schicke dich darein.

5.

Der Wunsch eines frommen Kindes.

Ach, wenn ich mich doch könnt'
In Jesu Liebe senken,
Und alle Augenblick'
An Jesu Liebe denken!
Mich dünkt, ich höre stets,
Wie Einer zu mir spricht:
„Vergiß, o liebes Kind!
Der Liebe Jesu nicht.“

6.

Werth der heiligen Taufe.

Meine Taufe freuet mich
Mehr, als mein natürlich Leben;
Denn ein geistliches hab' ich,
Weil mir's damals Gott gegeben;
Jenes dient auf diese Zeit,
Dieses auf die Ewigkeit,

Weil auf Drei, die eines sind,
Man mich mit dem Wasser taufte,
Ward ich damals Gottes Kind,
Das der Sohn mit Blut erkaufte;
Denn was hülf's ein Mensch allein,
Aber nicht ein Christ zu sein?

Als ich weg vom Vater lief
Und mein Kindesrecht verscherzte.
Gott hingegen mir noch rief,
Daß mich mein Entlaufen schmerzte,
Freute mich die Taufe noch;
Denn mein Vater liebte doch.

Bricht der größte Jammer ein,
Freut die Taufe mich am besten;
Muß es dann gestorben sein,
Wird die Taufe mich noch trösten.
Ein mit Blut bezeichnet Schaf
Freut sich da auf Ruh und Schlaf.

7.
Das Glück eines getauften Kindes.

Weil ich Jesu Schäflein bin
Freu' ich mich nur immerhin
Ueber meinen guten Hirten,
Der mich wohl weiß zu bewirthen,
Der mich liebet, der mich kennt,
Und bei meinem Namen nennt.

Unter Seinem sanften Stab
Geh' ich aus und ein und hab'
Unaussprechlich süße Weide,
Daß ich keinen Mangel leide,

Und so oft ich durstig bin,
Führt er mich zum Brunnquell hin.

Sollt' ich denn nicht fröhlich sein,
Nun ich sein bin und Er mein?
Denn nach diesen schönen Tagen
Werd' ich endlich heimgetragen
In des Hirten Arm und Schooß,
Amen, ja mein Glück ist groß.

—————

8.

Einige Worte der Erinnerung an die Jugend,

besonders an die Confirmanden und Neu-Confirmirten, sowie
jedoch auch an die Erwachsenen.

„Es ist ja wohl eine unaussprechliche Wohlthat Gottes,
daß wir schon in der Kindheit durch die Taufe auf den
Namen des dreieinigen Gottes in die christliche Kirche auf-
genommen und zu Gottes Kindern gemacht worden sind." —
Darum schreibt Luther in seinem großen Katechismus:
„Man tauft Niemand darum, daß er ein Fürst werde, sondern, wie die Worte lauten, daß er selig werde. Selig aber
weiß man wohl, daß nichts anders heißet, denn von Sünden, Tod, Teufel erlöset, in Christi Reich kommen und mit
Ihm ewig leben. Da siehest du, wie theuer und werth die
Taufe zu halten sei, weil wir solchen unaussprechlichen
Schatz darinnen erlangen, welches auch wohl anzeiget, daß
nicht kann ein schlecht lauter Wasser sein; denn lauter Wasser
könnte Solches nicht thun; aber das Wort thut's, und daß
Gottes Name darinnen ist. Wo aber Gottes Name ist, da
muß auch Leben und Seligkeit sein, daß es wohl ein göttlich,
selig, fruchtbarlich und gnadenreich Wasser heißt; denn
durch's Wort bekommt sie die Kraft, daß sie ein Bad der
Wiedergeburt ist, wie sie Paulus nennet." Tit. 3, 5.

„Siehe aber auch weiter, wer die Person sei, die Solches empfahe, was die Taufe gibt und nützet. Das ist auf's feinste und klärste ausgedrückt mit den Worten: „Wer da glaubet und getauft wird, der wird selig;" das ist, der Glaube macht die Person allein würdig, das heilsame, gött= liche Wasser zu empfahen. — Und da zeigt sich dann die göttliche Kraft der Taufe durch die Tödtung des alten Adams, darnach die Auferstehung des neuen Menschen, welche beide unser Leben lang in uns gehen sollen, also, daß ein christlich Leben nichts anders ist, denn eine tägliche Taufe, einmal angefangen und immer darin gegangen; denn es muß ohne Unterlaß also gethan sein, daß man immer ausfege, was des alten Adam ist, und hervorkomme, was zum neuen Menschen gehöret. Was ist denn der alte Mensch? Das ist er, so uns angeboren ist von Adam, zornig, häsfig, nei= disch, unkeusch, geizig, faul, hoffährtig, ja ungläubig, mit allen Lastern besetzt, und von Art kein Gutes an sich hat. Wenn wir nun in Christi Reich kommen, soll solches täglich abnehmen, daß wir je länger, je milder, gedulbiger, sanft= müthiger werden, dem Unglauben, Geiz, Haß, Neid, Hof= fahrt je mehr abbrechen."

Johannes Brenz, der Reformator Württembergs, schreibt von der heiligen Taufe unter Anderem Folgendes: „Manche meinen, daß die Taufe bloß zu dem Nutzen eingesetzt sei, daß sie ein Kennzeichen sei, wodurch sich ein Christ von einem Juden oder Türken unterscheidet, wie die Kleidung ein Volk von dem andern unterscheidet; aber darin irren sie sich, daß sie meinen, die Taufe sei nur zu diesem bürger= lichen Gebrauch eingesetzt worden. Andere lehren, die Taufe sei ein Zeichen, das uns erinnere, in allen Anfechtungen Geduld zu haben, und der Sünde abzusterben und der Ge= rechtigkeit zu leben. Und insofern denken diese recht; denn die Taufe erinnert uns allerdings daran, daß wir nicht der Sünde, sondern der Gerechtigkeit leben. Denn Paulus sagt im Briefe an die Römer: „Wisset ihr nicht, daß Alle, die wir in Christum Jesum getauft sind, die sind in seinen Tod getauft? So sind wir nun mit Ihm begraben durch die Taufe in den Tod, auf daß, gleichwie Christus ist auferwecket von den Todten durch die Herrlichkeit des Vaters, also sollen auch wir in einem neuen Leben wandeln." Aber darin fehlen sie, daß sie hinzusetzen, die Taufe sei nur zu diesem Nutzen eingesetzt. Auch muß man nicht denken, die Taufe sei eingesetzt, daß der Nutzen und die Frucht derselben nur in der Zeit fortdaure, wo man getauft wird, sondern sie ist hauptsächlich dazu eingesetzt, daß der Nutzen derselben zu der Zeit, da Einer getauft wird, anfange, und bis zum Tod fortdaure. Denn sie ist nicht nur ein Zeichen zwischen einem Menschen und dem andern, sondern sie ist das gewisseste Zeichen zwischen dem Menschen und Gott. Sie ist, sage ich, ein Zeichen des göttlichen Willens gegen den Menschen, nämlich, daß Gott den Menschen an Kindesstatt aufnehme, ihm seine Sünden vergeben und ihn unter allen Anfechtungen zum ewigen Leben erhalten wolle um Jesu Christi, unseres Heilandes willen. Wenn nun aber durch ein Sakrament der barmherzige und gnädige Wille Gottes uns zugesichert wird, so wird eben damit unser Glaube gestärkt, und ein gutes Gewissen gegen Gott in uns erweckt. Die Taufe ist demnach hauptsächlich zu dem Nutzen eingesetzt, daß wir zwar zuvorderst durch sie wiedergeboren und erneuert werden; darnach aber, daß wir durch sie ein gutes Gewissen haben sollen unter allen Anfechtungen, und uns durch sie, wie Petrus sagt, ein gutes Gewissen verschaffen. Wenn daher das ungestüme Toben der Versuchungen, welche ein böses Gewissen in uns erwecken, in unsern Herzen entsteht, so muß man zur Taufe, nicht um sie wieder äußerlich zu empfangen, sondern durch den Glauben zurückgehen; dann werden wir in der That fühlen, daß aus dem bösen Gewissen ein gutes wird. Jesaias sagt: „Es sollen wohl Berge weichen und Hügel hinfallen; aber meine Barmherzigkeit soll nicht von dir weichen, und der Bund meines Friedens soll nicht hinfallen, spricht der Herr, dein Erbarmer.“ Man darf demnach auf keinerlei Weise denken, daß Gott die Wahrheit seines Bundes darum zurückgenommen habe, weil du dem Herrn nicht gehorsam gewesen bist, sondern so muß man denken: Du seiest zwar von dem Bund gewichen und habest dich schwer versündigt; der Herr aber bleibe noch fest bei seinem Bunde. Das muß man also suchen, nicht daß du aus Verzweiflung noch weiter als zuvor durch Sünden vom Bund abweichst, sondern daß du zu dem Bund Gottes zurückgehst.

Was Jeremias Kapit. 3. den Israeliten predigt, das sollst auch du, als dir gesagt, annehmen; denn ebenso ruft auch uns der Herr, unser Gott, zu. „Gewöhnlich,“ spricht Er, „verhält es sich bei den Bündnissen also, daß wenn der eine Theil den Bund bricht, der andere auch nicht mehr verpflichtet ist, ihn zu halten. Ihr aber, wenn ihr gleich meinen Bund gebrochen habt, doch will Ich noch fest bei Meinem Bund bleiben. Kommet wieder zu Mir, so will Ich euch annehmen.“ — Wir kehren aber wieder zu Gott zurück durch Reue oder Buße. Ferner besteht die Buße in der Erkenntniß der Sünden und im Glauben an Christum, daß wir um seinetwillen Vergebung der Sünden haben. Wenn demnach eine Anfechtung, oder Angst, oder Verfolgung, oder Hunger, oder Verderben, oder Schwerdt, oder Sünde, oder Tod, oder Satan, oder die Hölle drohen, so lasset uns fest glauben, es sei Nichts so stark, daß es die Wahrhaftigkeit

des Bundes Gottes zernichten könne, und zu Gott und zu
Seinem Bunde durch den Glauben zurückkehren, damit wir
durch die Wieder-Erlangung eines guten Gewissens vor Gott
die ewige Seligkeit erlangen, um Jesu Christi, unsers Herrn
willen, welcher sammt dem Vater und Heiligen Geiste Gott
ist über Alles gelobet in Ewigkeit. Amen.

9.
Beichte.

Ich armer Sünder bekenne Gott, meinem himmlischen
Vater, daß ich, leider! schwer und mannigfaltig gesündiget
habe, nicht allein mit äußerlichen groben Sünden, sondern
auch mit innerlicher angeborner Blindheit, Unglauben, Zweifel, Kleinmüthigkeit, Ungeduld, Hoffahrt, sündlicher Eigen-
liebe, bösen Lüsten, Geiz, heimlichem Neid, Haß und Miß-
gunst, auch andern bösen Begierden, wie das mein Herr und
Gott an mir erkennet, und ich es, leider! so vollkommen
nicht erkennen kann! Nun aber reuen sie mich und sind mir
leid, und ich begehre von Herzen Gnade von Gott, durch
Seinen lieben Sohn, Jesum Christum, mit dem Vorhaben,
mein sündliches Leben durch Kraft des Heiligen Geistes zu
bessern. Dazu wolle mir Gott aus Gnaden Seines Geistes
Kraft und Gnade reichlich verleihen. Er bereite mich besonders zum Genuß des heiligen Abendmahls noch recht zu,
damit ich es zur Stärkung im Glauben und neuem kindlichen
Gehorsam gegen Gott und zur Beförderung einer aufrichtigen Liebe gegen meinen Nächsten empfahen möge. Amen.

10.
Gebet eines Confirmanden vor dem heiligen Abendmahl.

Mein Gott und mein Heiland! Ich danke Dir von Herzen, daß Du diesen theuren Gnadentag mich erleben lässest,

nach welchem ich mich schon lange sehnte, da ich gewürdiget
werde, mit der Gemeinde des Herrn im heiligen Abendmahl
Deinen heiligen Leib und Dein am Kreuz für die Menschheit vergossenes Blut zu genießen. O Du König des Himmels und der Erden! Laß mich würdiglich erscheinen vor
Deinem Angesicht in wahrer Buße, in lebendigem Glauben
und mit einer herzlichen Liebe gegen Dich und alle Menschen,
daß ich willig sei, alle Sünde zu hassen und zu lassen, in
Allem Dir nachzufolgen in Deinen Fußstapfen, und mit
himmlischem Sinn zu wandeln in der Heiligung, ohne welche
Niemand Dich schauen kann. Bereite Dir selbst eine Stätte
in mir, hochgelobter Heiland, daß Du eingehen könnest in
mich und mich erfüllen mit allerlei Gottesfülle. Dazu segne
mir den Genuß Deines heiligen Leibes und Blutes. Gib
mir darin den ganzen Segen Deines unschuldigen Lebens,
Deines bitteren Leidens und Sterbens, Deiner glorreichen
Auferstehung und Himmelfahrt, und mache mir so Dein
Testamentsmahl zu einer reichen Quelle des Heils für Zeit
und Ewigkeit. Dadurch befestige mir auch den Segen meiner Taufe und Confirmation, daß ich in reichem Maaß
empfahe die Gabe des Heiligen Geistes, zur Stärkung meines Glaubens, zur Kraft in der Gottseligkeit, zur Geduld
im Leiden und zur seligen Hoffnung des ewigen Lebens.
Mache mir so Dein Abendmahl auch zu einer neuen Vereinigung mit Dir und mit allen Gliedern Deines Leibes,
daß wir in herzlicher Liebe und Gemeinschaft zusammen-
hängen als Ein Leib und Ein Geist. Gib Dein Leben in
mich und erfülle mich mit Deiner Gerechtigkeit, Weisheit,
Liebe und Wahrheit, daß ich in Dein heiliges Bild verkläret
werde von einer Klarheit in die andere. Ja heilige mich
durch und durch, daß mein Geist ganz sammt Seele und
Leib unsträflich behalten werden bis auf den großen Tag

Deiner Zukunft. Dann laß mich auch einst zu Deinem
großen Abendmahl im Himmel kommen, in dem Du Dich
ganz vermählen willst mit Deinen Auserwählten. In dieser
seligen Hoffnung hilf mir Alles überwinden und einst Alles
ererben. Amen.

11.
Seufzer unter dem Genuß des heiligen Abendmahls.

Herr Jesu Christe, Dein heiliger Leib stärke und bewahre
mich im rechten Glauben zu dem ewigen Leben. Amen.

Herr Jesu Christe, Dein heiliges Blut stärke und bewahre
mich im rechten Glauben zu dem ewigen Leben. Amen.

12.
Gebet nach dem heiligen Abendmahl.

Herr Jesu, mein hochgelobter Heiland! Dir danke ich
von ganzem Herzen und von ganzer Seele, daß Du in Deinem heiligen Abendmahl Dich selbst mir zu genießen gegeben
hast. Wie wunderbar ist diese Speise des gesegneten Brodes,
in dem ich Deinen heiligen Leib empfangen habe; wie theuer
gesegnet ist der Kelch, aus welchem Dein Blut mir zufloß.
O Herr! Dein Name sei ewig gepriesen! Mein ganzes
Herz und Leben soll Dir dienen! Mein ganzer Wandel soll
Dich loben und verherrlichen! Segne mir dazu Dein gna-
denreiches Abendmahl. Laß mich in Kraft dieser himmlischen Speise hingehen, wie Dein Knecht Elias, und durch
die Wüste dieses Lebens muthig fortschreiten, daß ich komme
zu dem Berge Zion und zu der Stadt des lebendigen Gottes,
zu dem himmlischen Jerusalem und zu der Menge vieler
tausend Engel, und zu der Gemeine der Erstgebornen, die
im Himmel angeschrieben sind, und zu den Geistern der
vollkommenen Gerechten. O ewige Liebe! Wie Du Dich

selbst für mich) geopfert hast, so hilf mir, daß ich mich ganz Dir opfern könne und so in unverrückter Gemeinschaft mit Dir und allen Gläubigen bleibe, daß auch mein ganzes Leben ein reiner Gottesdienst sei, da ich im priesterlichen Schmuck Deiner Gerechtigkeit Dir diene, Dir ganz lebe, leide und sterbe, damit Du mein Alles seiest, und ich in Dir durch die Kraft Deines Leibes und Blutes Auferstehung des Leibes und ein ewiges Leben erlange und einst auch mit Dir an Deinem himmlischen Gnadentische essen und trinken dürfe in Deinem Reiche. Amen